● 本书受四川省科技厅软科学研究计划项目"基于教育扶贫的学前教育民族文化课程模式建构研究"（项目编号：2019JDR0095）资助出版

育扶贫与学前民族文化课程

——四川学前教育扶贫研究

龙雪娜 罗天豪 · 著

知识产权出版社

全国百佳图书出版单位

——北京——

图书在版编目（CIP）数据

教育扶贫与学前民族文化课程：四川学前教育扶贫研究/龙雪娜，罗天豪著. —北京：知识产权出版社，2020.10
ISBN 978 – 7 – 5130 – 7155 – 0

Ⅰ.①教… Ⅱ.①龙… ②罗… Ⅲ.①民族文化—中国—教学研究—学前教育 Ⅳ.①G613.2

中国版本图书馆 CIP 数据核字（2020）第 171899 号

责任编辑：邓　莹	责任校对：谷　洋
封面设计：博华创意·张冀	责任印制：孙婷婷

教育扶贫与学前民族文化课程
——四川学前教育扶贫研究
龙雪娜　罗天豪　著

出版发行：知识产权出版社 有限责任公司	网　　址：http：//www. ipph. cn
社　　址：北京市海淀区气象路 50 号院	邮　　编：100081
责编电话：010 – 82000860 转 8346	责编邮箱：dengying@ cnipr. com
发行电话：010 – 82000860 转 8101/8102	发行传真：010 – 82000893/82005070/82000270
印　　刷：北京建宏印刷有限公司	经　　销：各大网上书店、新华书店及相关专业书店
开　　本：880mm × 1230mm　1/32	印　　张：6
版　　次：2020 年 10 月第 1 版	印　　次：2020 年 10 月第 1 次印刷
字　　数：135 千字	定　　价：38.00 元

ISBN 978 – 7 – 5130 – 7155 – 0

目　录

第一章　教育扶贫与学前民族文化课程

　　贫困问题是当今世界各国都十分关注的问题，因为贫困问题背后所触及的是社会公平与正义的问题。为了实现社会公平与正义，世界各国急需消除贫困，而教育扶贫是解决贫困问题的有力手段之一，是阻断贫困代际传递的根本性途径。通过保证全纳、公平的优质教育，提高贫困地区的教育水平和质量，使得贫困人口获得知识与技能，从而提高贫困人口的素质，实现人力资本积累转向人力资本的提高，不断推动当地经济文化社会的发展，最终达到脱贫的目的，以期逐步实现社会公平。《中国农村扶贫开发纲要（2011—2020）》里提出了教育领域的扶贫任务，2015年更是明确要求精准扶贫贫困地区每一所学校，因此教育部响应发起了精准扶贫的"十大行动计划"。国家出台的各种政策为贫困地区的教育扶贫事业提供了有力的保障、指明了发展方向。在教育扶贫事业中，针对贫困儿童的学前教育作为重要的教育阶段被公认为是反贫困的根本手段。世界各个国家重视学前教育对扶贫发展的功能与成效，学前教育补偿成为世界各国应对贫困儿童发展的社会共识与基本选择。贫困儿童学前教育事业的发展有其自身特点，多数贫困儿童生活在贫困地区，而贫困地区受经济、文化、交通等多种因素的制约，因此此类学前教育无法仅靠其自身和市场机制解决。在此，政府扮演着关键的主导力量，政府必须出台扶持政策对其进行差异补偿，缩小贫困差距，以此维护教育公平和社会正义。

目前，相对其他发展中国家，我国学前教育的发展与重视仍有待努力，而民族地区的学前教育发展比我国其他地区更是滞后。为能有效推进国家反贫困战略，落实民族地区的学前教育发展刻不容缓。2015 年《国务院关于加快发展民族教育的决定》专门强化"重点加大对受援地区双语教育、职业教育和学前教育的支援力度""重点支持民族地区实施学前教育三年行动计划"❶。2018 年教育部 国务院扶贫办印发《深度贫困地区教育脱贫攻坚实施方案（2018—2020 年)》的通知，鼓励深度贫困的"三区三州"地区实施"幼有所育"计划，需加强农村幼儿教师的培训力度❷。随后，各个民族地区推出了系列学前教育精准扶贫的专项计划。这些计划虽然已经在快速推进，初见成效，但是由于恶劣的自然条件和薄弱的经济文化基础，学前教育的发展仍然有许多问题亟待解决。笔者通过深入民族贫困地区，长期调研，认为由"文化"切入的路径可提升教育扶贫的效力，更好地促进教育扶贫功能的发挥。

---

❶ 中央人民政府门户网. 国务院关于加快发展民族教育的决定 [EB/OL]. (2015 - 08 - 17) [2018 - 06 - 15]. http：//www. gov. cn/zhengce/content/2015 - 08/17/content_10097. htm.

❷ 国务院扶贫开发领导小组办公室. 深度贫困地区教育脱贫攻坚实施方案 (2018—2020)》[EB/OL]. (2018 - 02 - 27) [2018 - 06 - 16]. http：//www. cpad. gov. cn/art/2018/2/27/art_46_79213. html.

一、四川学前教育扶贫概况

（一）学前教育扶贫的概念

周秀平、赵红（2016）指出教育扶贫要有更高层次的定位，致力于提高贫困人口的发展机会、发展能力以及家庭代际发展，并且应该更多指向教育公平、教育质量，而非教育贫困[1]。基于此，可以认为教育贫困只是教育扶贫需解决的其中一项，而教育公平和教育质量的提高才是教育扶贫的终极目标。学前教育扶贫旨在通过学前教育的投入和学前教育服务资助贫困地区的贫困儿童，力争实现教育起点的公平，打破贫困代际传递，为后期的教育发展奠定基础。这既是追求社会公平与正义的重要一环，又是教育扶贫的关键阶段。

处于学前教育阶段的处境不利儿童是近年来国内外学前教育扶贫研究的重点和难点。处境不利是指个体在经济状况、社会地位、权益保护、竞争能力等方面处于相对困难与不利的生存和发展状况，特征是家庭经济贫困，群体话语权缺失，弱势状况容易代际传递。在我国，处境不利儿童主要包括以家庭贫困为主要特征的农村留守儿童、城市流动儿童、残疾儿童、贫困农村及少数民族地区的儿童。以此定义，贫困儿童是处境不利儿童的一种。本书主要研究以家庭经济贫困为主要特征的少数民族地区 3～6

---

[1] 周秀平，赵红. 教育扶贫政策和重大行动［M］//司树杰，王文静，李兴源. 中国教育扶贫报告（2016）. 北京：社会科学文献出版社，2016.

岁的学前儿童，故采用"贫困儿童"。

（二）学前教育扶贫的重要性

第一，来自各种数据分析和实证研究结果已经证明，贫困处境的儿童在未来的学习与生活中普遍出现低成就和适应能力差的情况❶。贫困儿童将来比普通儿童更容易出现辍学、犯罪、从事低收入工作、生活不稳定等个人及社会问题，从小就易出现一系列不良的发展问题：身体素质差；心理素质容易不稳定；知情意行均容易出现问题；由于缺乏学习机会，入学前即容易发展滞后；容易缺乏长期发展规划，易角色自我固化。越早对儿童进行干预，越能减缓贫困给儿童带来的不良影响，越能帮助儿童在未来获得成功，越能从根本上改变儿童的困境，改变贫困代际传递。

第二，柳倩编著的（2012）《国际处境不利学前儿童政策研究》从理论和实践两个方面论述了国际上各国针对处境不利学前儿童的政策及其有效做法❷。苏珊·纽曼（2011）的著作《学前教育改革与国家反贫困战略——美国的经验》从美国已出台和实施的案例上证明学前教育对美国反贫困战略的贡献❸。王梦奎（2013）提出在反贫困的实践中，"人力资本开发作为反贫困的

---

❶ Ian Thompson. *Tackling social disadvantage through teacher education* ［M］. Essex：Critical Publishing Ltd，2017：5.

❷ 柳倩. 国际处境不利学前儿童政策研究 ［M］. 上海：华东师范大学出版社，2012.

❸ 苏珊·纽曼. 学前教育改革与国家反贫困战略——美国的经验 ［M］. 李敏谊译. 北京：教育科学出版社，2011.

一种重要手段，已经把儿童发展作为一个重要的突破口"❶。詹姆斯·格里芬（2013）指出美国联邦政府资助的一些研究项目显示，提高学前教育质量可以并且已经对儿童早期的阅读能力和识字能力发展作出贡献❷。这些研究都证实了世界各个国家重视学前教育对扶贫发展的功能与成效，也充分证明了学前教育的回报率高，极具投入价值，这同时也符合精准教育扶贫的理念与精神。

（三）四川学前教育扶贫项目

根据国务院 2011 年发布的《中国农村扶贫开发纲要（2011—2020）》，作为我国扶贫攻坚主战场的 14 个连片特困地区中，有近一半分布在西南少数民族地区。国家重点扶持的 592 个贫困县，有 110 个是位于西南地区的少数民族贫困县，四川有 36 个扶贫开发重点县，其中民族贫困县有 20 个。为了解决民族自治地方学前教育发展滞后的问题，有力推进精准扶贫，针对凉山彝族地区农村学前教育发展滞后，大量适龄幼儿"无园上"的现状，2015 年四川省决定在凉山农村地区开展"一村一幼"项目，至 2017 年此项目扩大至四川贫困地区 51 个县，致力于从源头上打破贫困"积累循环效应"，通过教育干预从根本上阻断贫困的代际传递。

"一村一幼"是指以行政自然村为单位设立学前教育机构，对农村幼儿进行有计划、有组织和有目的的保育和教育，通常接

---

❶❷　王梦奎. 反贫困与中国儿童发展 [M]. 北京：中国发展出版社，2013：4.

纳 3~6 岁的幼儿，但是其组织规模与形式不同于常规的幼儿园，因此将在扶贫背景下推行的此种形式的学前教育机构概括为"一村一幼"。"一村一幼"根据实际情况可"多村一幼"，也可"一村多幼"，以一种全新的教育模式全面嵌入凉山农村地区。

1. 具体目标

"一村一幼"计划重要目标是解决彝区幼儿的语言问题，解决民族地区农村民族幼儿从母语向国家通用语过渡，促进民族幼儿从学前教育顺利进入小学教育学习，同时提高全州学前教育三年毛入园率，进一步推进凉山教育脱贫攻坚，为农村孩子成长成才奠定坚实基础。

2. 主要内容

省财政出资为每个幼教点选聘两位辅导员，原则上民族聚居区要求具备彝汉双语能力。村幼教育的重点内容是培养幼儿形成良好的行为习惯，并初步掌握普通话，学会用国家通用语进行口语表达和交流，为进入小学奠定语言基础。让每一个彝族幼儿都能获得学习机会和优质的学前教育，以此实现教育公平。

3. 指导理念

"一村一幼"项目深入贯彻习近平总书记新时代中国特色社会主义思想和党的十九大精神，以社会主义核心价值观为引领，坚持精准扶贫、精准脱贫基本方略。从过去的"粗放式"扶贫开发模式转向"精准式"扶贫开发模式，要求扶贫的重点应从对物质的扶贫逐渐发展到对文化、教育、卫生等系统全面的扶贫，教育在扶贫的重要性不断突出。学前教育对反贫困战略和对实现教育公平具有重大意义，能从基础阶段就彻底改变凉山彝族聚居地区贫困的面貌。学前教育是幼儿发展的重要奠基阶段，提供高质量的学前教育是政府义不容辞的责任。

4. 发展概况

2015 年先行在彝区 10 县启动第一批"一村一幼"计划试点，随后在全州 17 个县市全面推开，在短时间内快速建成 800 多个教学点。全州各县市遵循因地制宜原则，通过改造村委会活动室、学校富余校舍、闲置村小、租用民房、新建房屋等方式提供教学场地。截至 2017 年 3 月，凉山州累计开办"一村一幼"教学点 3096 个，开设班级 3962 个，受益儿童 12.55 万人，招聘村幼辅导员 7793 人。"一村一幼"开办以来，各级财政共投入资金 5.4 亿元。凉山州颁布《凉山州学前教育村级幼儿教学点管理办法》（以下简称《管理办法》）以此保证村幼能有序的管理和运行。《管理办法》提出以行政村或人口较多、居住相对集中的自然村为单位设立幼教点，由幼教点所在地的村支部、村民委员会为管理主体，乡镇中心校（幼儿园）负责本乡镇幼教点保教工作、常规工作的业务监督和指导。每个幼教点原则招收 3~6 岁的适龄幼儿人数，开设 1 个或多个混龄班，每班招收 30 名左右适龄幼儿，每班配备 2 名辅导员。幼教点实行免费教育，不收取保教费，幼教点经费由县市财政予以保障。辅导员负责幼教点的所有教育保育工作，其属于临时聘用人员，不使用正式事业编制，其招聘工作由县市教育部门牵头，人社部门与乡镇人民政府、村委会共同组织实施，每名辅导员由四川省财政支出，每人每月 2000 元标准。《管理办法》规定村委会负责人为幼教点安全管理第一责任人、辅导员为直接负责人的工作职责，由村委会负责人考核辅导员的工作。

图1-1　依托于村小的幼教点

图1-2　利用村委会活动室改造的幼教点

图1-3　某幼教点学生的营养餐

图1-4　某幼教点投放的幼教玩具

幼教点的房屋、活动场地主要有四种类型：一是利用农村闲置校舍和村级活动室；二是租用民房；三是新建楼房；四是附设在中心校。幼儿每天在园时间规定为 6 个小时，一般上午 9：00 ~ 9：30 入园，有些幼教点会根据当地的作息时间推迟到 10 点入园，下午 3：00 ~ 3：30 离园。中午由幼教点提供营养餐，参照义务教育营养改善计划，实施蛋奶模式，由县市统一采购、统一配送，除附设中心校的幼教点外，其余幼教点的营养餐主要包含一盒牛奶、一袋饼干和一根火腿肠，附设在中心校的幼教点由中心校食堂提供午餐，饮食搭配相对更均衡。

（四）四川学前教育扶贫项目的问题

目前，政府对"一村一幼"项目的支持投入表明国家看重学前教育对反贫困战略和对实现教育公平的意义。但是，随着"一村一幼"的推进，其质量与效益的问题越来越突出。所有的益处都主要来源于质量，如果只是扩大早期教育的服务范围而不关注质量，就不会对儿童或社会产生良好的结果。此类补偿性教育项目必须要提供具有针对性的服务，能够满足家庭和儿童最为迫切的需要，这样的干预才最有效。

"一村一幼"学前扶贫项目的实施，在很大程度上改变凉山幼儿以前"无园上，上园难"和直接上小学的问题，但是经过研究者数次调研发现，幼教点的硬件设施和软件设施均存在大量问题，前者基础设施不完善、资金缺口仍然很大，后者师资队伍质量堪忧、教学不成体系。其主要问题有以下三点。

1. 经费投入不平衡，缺口较大

经费投入是保障幼教点正常运营的基础，是保障学前教育质量的基点。但是，目前村幼的资金缺口仍然很大，主要表现在以下方面：第一，硬件投入较多，软件投入较少。由于实施"一村一幼"项目，学前教育总体投入较以往有了大幅度提升，但投入比例结构还不均衡，在校舍、教学设施设备等办学硬件投入比例较重，课程建设、教师报酬等软件投入比例较轻，资金分配不均衡。第二，一次性投入较多，持续性投入较少。目前，在财政资金保障上，主要偏重于一次性到位的资金投入，缺乏与之相配套的经费支持，对于部分条件简陋的幼教点，由于人数原因，经费总量少，基本无法在校内开办伙食，辅导员和幼儿生活仍然相对艰苦，教育部门也没有针对性的经费支持。

在调查过程中，大部分幼教点的操场缺少户外运动设施，幼儿在户外活动时缺乏安全保障。某些幼教点缺少食堂，无法为幼儿提供加热后的食物，要么只能提供类似牛奶饼干的营养餐，要么就安排家长上午晚点送幼儿入园，中午不提供午餐，等到下午离园时幼儿回家吃晚餐。仍然有部分幼教点无法提供给幼儿午睡的床，很多幼儿在中午期间都不午睡，这对幼儿的身体发育极为不利。

教师a：我们这儿的条件对孩子来说还是相对好的。但是每个孩子都要午睡，我们这儿最大的缺陷就是没有午睡的地方。

调查者：对。如果是按照常规的话，（孩子们的确）要睡觉（午睡），让一个孩子待那么久，的确有些……

教师b：是呀，都要睡觉的。我们这儿是小班嘛，孩子刚来都要睡觉。因为冬天嘛，我又怕他们在教室里睡觉会感冒。所以对要睡觉的孩子，我就让他们起来唱歌跳舞，精神一下。因为不能让他们睡觉嘛。但现在（他们）都习惯了，也就都不睡了。

调查者：他们睡觉会感冒吗？

教师 b：这儿太冷了，没有空调。

教师 a：他们趴着睡。

教师 b：趴着睡就会感冒，所以不让他们睡觉。

调查者：如果冬天来了，即使没有空调，有床也不能让他们睡咯？因为有床也不够呀！

教师 b：有床的话……

教师 a：有被子呀！

教师 b：有床就有被子。

访谈者：昨天有个幼教点，有床也不让孩子们睡觉，因为那里太冷了。

教师 b：是，太冷了。没有取暖器的话，孩子也很冷，睡一会儿睡不暖和。除非有个大人给他（孩子）取暖。

2. 辅导员师资队伍整体素质偏低，流动性较强

辅导员教师普遍学历较低，多数教师未有教师资格证书，不具备任教资格。辅导员教师多数非"科班出身"。在拥有教师资格证的辅导员教师中，是学前教育专业的教师比重低，大多为小学教育或初中教育等专业，专业不对口现象明显，缺乏系统的职前专业教育。虽然部分教师进行了短期的岗前集中培训，但是专业知识和专业素质都还比较欠缺。辅导员教师工作内容复杂，工作强度较大，缺乏对每一个幼儿的关注。大班额的问题不仅增加了辅导员教师的工作强度，而且也存在班级管理的安全隐患。每个幼教点虽然有两位辅导员教师，但是这两位教师在具体工作中既要承担教育教学工作，又要承担保育工作。

调查者：你们这县里面（幼教点的老师），就是学过幼儿园教育的（老师）多不多？

教师 c：有些是。

调查者：你感觉整体来算有多少？

教师 c：整体来，整体来算的话，学过幼儿专业的教师还是比较少。

调查者：少吗？

教师 d：还是有百分之四五十吧。

教师 c：相对比较少，你全县范围内的话，好多初中毕业的，大专毕业的，待岗的这些都参加了这个辅导员。

调查者：只要初中毕业的都可以吗？

教师 c：嗯，都可以。你没得人报的话，比如说上面一点，大专生吖，有教师资格证的没去报的话，我一个初中生，我报的话，我就去了噻。

3. 教学内容单一，小学化倾向严重

根据"一村一幼"建设的相关要求，"一村一幼"建设主体是教育部门，管理主体是村委会。虽然解决了就近日常管理的问题，但是作为教育管理而言，由不熟悉教育的村委会来管理幼教点，很难实现有效管理辅导员队伍。同时，由于本身待遇并不高，部分辅导员不是幼教专业甚至根本就没有学习过教育方面的课程，缺乏幼教知识和专业技能，一些辅导员教师按照小学标准

给学生"开课",有"小学化"倾向,违反幼儿教育规律。在调研过程中,有相当一部分的幼教点教授拼音认读、写字练习等违背幼儿身心发展规律的教学内容。一日生活流程安排中户外活动、生活常规等环节安排时间较少。

图 1-5 村幼中班的拼音课

图 1-6 村幼中班课程表

　　"一村一幼"在初获成果的同时，仍有许多问题需要解决。根据团队调研发现，"一村一幼"的内容主要以语言教学为主，即 2018 年启动《凉山州学前学会普通话行动实施方案（2018—2020）》，希望通过语言教育达到扶贫的目的。政策制定者和教育行政机构人员认为语言已经成为阻碍凉山贫困人口发展的重要因素，他们需要获得国家通用语这一重要的语言资源，从而能获得更多发展的机会，才能改变贫困。在现代社会，工作机会是开放给受过一定教育的人，而国家通用语在很大程度上是获得其他能力发展的首要基础能力，可以使凉山贫困人口获得更多更全面良好的教育资源，透过教育发展人力资本，改善生活，这点不容置疑。然而，在解决语言的过程中，政策对语言作为资源的理解产生偏颇，在重视国家通用语的同时却忽略少数民族语言的发展，凉山双语教育的两类模式只涵盖了义务教育阶段，并没有将学前双语教育模式纳入规划。此外，当地对双语教育的概念狭义理解为语言学习。根据 M·F·麦凯提出的双语教育定义，双语教育主要是指用两种语言作为教学媒介进行教学的教育系统，在我国即是国家通用语和民族语言作为教学媒介。语言是文化的一部分，同时也是文化的载体，从语言资源观的角度来讲，国家通用语和少数民族语言都是重要的语言资源，语言能将学校和社区的文化相联结，同时，文化学习能促进语言的理解，能促进语言与文化多样性，在民族团结方面也发挥着重要的功能。

　　本研究认为，上述问题的症结所在正是对文化的关注度不够。学前教育是教育的起点，0～6 岁幼儿早期教育干预对儿童语言、心理认知及学习能力的形成和发展存在重要影响，为今后其他阶段的教育奠定良好的基础。2001 年，教育部颁发《幼儿园教育指导纲要（试行）》，明确要求幼儿园改变课程脱离幼儿生活和实际的情况，充分利用幼儿生活周围的各种资源，为幼儿提供主动参与和自主建构的学习机会。2011 年，教育部颁发《关于规范幼儿园保育教育工作，防止和纠正"小学化"现象的通知》，"严禁教育行政部门推荐和组织征订各种幼儿教材和教辅材料"。由此可以看出，幼儿园取消教材，充分利用幼儿生活周围的各种资源，开发与幼儿生活紧密联系的课程已经成为幼儿园课程发展的一种趋势。同时，我国是一个多民族国家，民族文化是中华民族世代相传的文化财富，也是我们发展文化的精神资源与民族根基，是国家和民族生存和发展的内在动力。每个民族有权利传承本民族的文化，教育是人类社会文化的主要传承方式，学校教育是人类文化传承的主要渠道，文化传承应以儿童开始，儿童的传统民族文化教育不仅是为了传承和弘扬本民族文化，还是为了丰富当下儿童的生活体验，促进儿童的发展，此外，更为重要的是儿童需要透过自身文化看到个人意义。相关研究表明，目前处境不利儿童多由贫困所造成，而贫困是由多种因素综合运行造成，其中最主要的是贫困文化代际传递、社会发展不平衡、公共资源分配不均，以及对少数民族、贫困人群的污名化标签。这种种原因都能使处境不利儿童在社会互动过程中形成自我观念的固化、出现自我偏见和自我歧视，而这贬低性的自我认知使自我期待也被降低，阻碍其冲破现状的努力，从而陷入困境。孩子从很小的时候就能了解关于文化身份的信息，其他家庭成员、其他人、媒体、学校等重要他人都在不断向儿童传递信息，儿童能区分自己与其他人群的行为、行动、语言和思想。文化差异本身不会引起贫困问题，而是对待文化差异的态度。儿童自己是无法有效处理社会误解与偏见，如果没有适当的帮助，会在自我认同、民族认同等多方面产生问题，从而抗拒其他外来文化、进步文化。因此，民族文化课程模式研究对处境不利儿童思考自己的文化身份具有积极作用，使处境不利儿童将文化差异看作优势而不是劣势，减低污名化以及结构性社会因素对处境不利儿童形成的伤害，在扶贫的视域下考量民族文化课程模式有其特殊的意义。

目前关于教育扶贫的研究，根据中国数据库 CNKI，以"处境不利儿童"为关键词搜索出 157 篇文献，以"处境不利儿童教育"为关键词搜索出文献 23 篇，研究主要集中在教育政策、比较教育和心理学方面。而在关于幼儿民族文化课程的研究中，从检索结果可以发现，关于民族文化课程的研究主要从以下五方面入手：民族文化教育价值；民族文化教育目标与内容；民族文化课程资源开发；民族文化教育实施途径；民族文化教育师资培养。其中最主要侧重于民族文化在幼儿园课程资源的开发方面进行探讨与研究，并且研究多呈碎片化，研究文化课程的单一方面，没有形成体系化的研究，再者研究中对可视性的文化形式（如音乐、舞蹈、饮食、节庆、游戏等）的关注更多，而对不可视性的文化形式（如亲属制度、信仰、价值观、行为方式等）的更深层次的文化元素的关注较少，这两个层面都应该必须同时纳入民族文化课程模式研究。本书除了从民族文化传承功能视角研究外，还从明确文化归属、促进文化认同、追求文化多样性、向往社会公平与正义的视角切入，丰富与扩大原有的研究成果，具有理论与现实的双重意义。

二、文化与教育扶贫

（一）文化及文化传承

1. 内涵

"文化"一词有丰富的内涵，并难以界定。根据雷蒙·威廉姆斯（Raymond Williams）的看法，"文化"在几种欧洲语言当中，有其错综复杂的发展，更是因为其在不同的学术领域抑或是不同而且无法相互兼容的思想系统之中被视为一种重要的概念来使用❶。在人类学和社会学的框架之下进行的梳理与解释主要认为，"文化"是用于描述某群体所共有或共享的信仰、价值观、习俗和惯例等认知模式、行为模式、情感模式的复合体。英国文化人类学家爱德华·泰勒在《原始文化》中提到"文化，就其广泛的民族学意义来说，是包括全部的知识、信仰、艺术、道德、法律、风俗及作为社会成员的人所掌握和接受的任何其他的才能和习惯的复合体"❷。信仰、价值和观念作为文化的内容是无形的，但同时实物、符号、文字等有形的方面又表达着文化的

---

❶ 罗慎平. 文化产业的发展策略：英国创意产业发展经验的启示［M］//洪泉湖. 族群文化与文化产业. 台北：商鼎数位出版有限公司，2015：25－40.

❷ 爱德华·泰勒. 原始文化：神话、哲学、宗教、语言、艺术和习俗发展之研究［M］. 连树声，译. 上海：上海文艺出版社，1992：1.

内容。当经济全球化和文化多元化的洪流涌入人们的生活中，文化的传承和保护开始引起了极大的关注。文化传承是指"文化在民族共同体内的社会成员中作接力棒似的纵向交接的过程。这个过程因受生存环境和文化背景的制约，具有强制性和模式化要求，最终形成文化的传承机制，使民族文化在历史发展中具有稳定性、完整性和延续性等特征"❶。少数民族文化的传承是提高族群荣誉感和增强民族身份认同的关键因素。习近平总书记指出，对待传统文化和民族文化要做到"不忘历史才能开辟未来，善于继承才能善于创新"，增强民族的文化自信。

2. 文化传承的意义

（1）深入贯彻国家"精准扶贫"政策，推进教育公平和社会公正。

习近平总书记提出"扶贫必先扶智"，全面提高人民的思想文化素质，提高下一代的知识和能力，从根本上切断贫困的代际传递。教育担负着继承前人积累的优秀文化不断前进的重任，教育公平是文化公平的内容和途径，通过提高教育质量，促进文化的保护和传承，推动社会公平，进而实现社会的公正。学前教育是我国农村地区尤其是贫困地区教育发展的"短板"，经济贫穷和交通不便是儿童接受教育的主要障碍。

教育公平包括起点的公平、过程的公平和结果的公平，其中又以起点的公平最为关键，民族地区能否平等的享受到学前教育资源，关系着他们能够获得同等的受教育机会。发展民族地区学

---

❶　赵世林. 云南少数民族文化传承论纲［M］. 昆明：云南民族出版社，2002：17.

前教育，可以缩小城乡差距，维护社会的公平和正义，促进整个社会的和谐稳定发展。教育在精准扶贫精准脱贫中具有基础性、先导性和持续性作用❶。

2015年8月，四川省委、省政府为有力推进精准扶贫，在农村地区开展"一村一幼计划"，在凉山彝族2586个建制村开设乡村幼教点，省财政出资为每个幼教点选聘两位兼懂彝汉双语的辅导员，重点是培养幼儿良好的生活习惯，懂礼貌，讲卫生，初步掌握普通话，学会用语言表达和交流，为进入小学奠定语言基础。在学前教育中为幼儿园开展彝语和汉语的双语教育，传承彝族传统文化，让每一个彝族幼儿接受良好的启蒙教育，实现教育公平，推进社会的公平与公正。

（2）尊重保护少数民族传统文化，增强幼儿民族认同感和民族自豪感。

绚烂多彩的彝族文化是广大彝族人民历经多年不断积累的优秀成果，是彝族人民智慧的结晶。"人类的发展是一个文化的历程，作为一个物种，人类的本质被定义成文化参与度"❷文化是一个民族各种思想规范的总体特征，每个民族有其独特的文化。离开了本民族的学前教育，从学前教育实践发展的多样化来看，文化缺失的学前教育质量观可能会遮蔽本土性学前教育的独

---

❶ 王嘉毅，封清云，张清. 教育与精准扶贫精准脱贫 [J]. 教育研究，2016（7）：12.

❷ 芭芭拉·罗高福. 人类发展的文化本质 [M]. 李昭明，陈欣希，译. 新北：心理出版社，2008：47.

有特色，使其失去成长与完善的合法性空间❶。

幼儿园不仅反映着本地的文化，而且还是文化再生的重要场所。幼儿园教育要培养幼儿对本民族文化的认同，即对本民族文化的肯定性体验，认可本民族文化的价值观念，无论是情感上还是心理上都接受本民族的文化，具有共同的文化心理。幼儿的文化认同是民族认同以及社会、国家认同的根基，幼儿园通过形式多样的活动、课程设置和教育内容，让幼儿浸润在具有民族特色和地方特色的环境创设中，以民间游戏、儿歌、童谣的形式，参与民族节日活动，了解和熟悉本民族人民创造的历史文化，引导幼儿形成积极良好的民族心态和民族归属意识，激发儿童对民族文化的喜爱之情，增加幼儿的民族自豪感。教育作为有目的、有意识、系统的培养人的社会实践活动，具有传递文化、保存文化和更新文化的功能。按照教育活动的场所不同，可以分为家庭教育、学校教育和社会教育。其中学校教育是人类文化传承的主要途径，学前儿童处于语言发展、文化敏感的关键期，在幼儿园对学前儿童开展优秀民族文化熏陶、经典民族文化传承具有深远的意义。

（3）倡导适宜性教育，促进儿童身心和谐发展。

"发展适宜性教育实践"（Developmentally Appropriate Practice，DAP）理念的核心是尊重儿童并促进儿童发展，让每一个幼儿在恰当的时间做适宜的事情。DAP主要关注幼儿的个体适宜性、年龄适宜性和文化适宜性，其中文化适宜性就强调充分考虑儿童的社会文化环境，基于社会文化的差异性和多样性进行教育

---

❶ 李召存. 何为"好的教育实践"：学前教育质量的文化性省思［J］. 全球教育展望，2014（11）：44.

活动的设计，尊重儿童的民族、语言特征和家庭文化背景。根据文化适应性理论，有质量的学前教育应该是发展适宜不同发展地域和文化人群。当前一些风靡全球的全新的教育课程模式，例如，瑞吉欧教育、华德福教育、高瞻课程、生成课程等，对于我国经济条件相对落后的地区的儿童来说，在接受上就显得比较困难。

在蒙台梭利看来，"儿童有一种天生的能量，促使他通过吸收性心智适应当下的时代与文化。这就是人类漫长童年存在的意义"❶，儿童通过吸收性心智像海绵一样去吸收环境中的一切。在学前教育阶段，儿童正处于秩序敏感期、运动敏感期、语言敏感期和社交敏感期的关键时期，在幼儿最易接受和乐于感知民族文化的阶段，教育工作者就需要为其提供适宜的文化环境、优秀的文化资源、良好的文化传递方式和媒介。民族文化是儿童精神成长的基础，儿童的成长离不开个体与文化的相互作用，通过与所在环境的文化互动，将自己的文化内化为个人的行为方式和行动依据，从而实现对身体的发展、个性的塑造、认知的发展、审美的提高、达到身心的和谐发展。

（二）"文化回应"取向的教育扶贫

1. 文化与教育理论发展

许多研究者探讨关于个体发展与文化历程的关系，例如，布朗芬布伦纳（Bronfenbrenner）的生态系统理论，维果茨基（Vygotsky）

---

❶ 夏洛特·普桑. 蒙台梭利教育精华：让孩子自信又独立［M］. 尹亚楠，译. 杭州：浙江人民出版社，2015：12.

的社会文化历史理论和罗高福的文化本质理论。再到探讨文化与教育的相关理论,如回应文化多样性发展的多元文化教育和文化中断理论等教育人类学研究。以上理论都是本书所确立的"文化回应式"教育扶贫取向的理论基础。

(1) 布朗芬布伦纳生态系统理论。

布朗芬布伦纳(1979)强调一个个体是通过嵌套在一个不断各种互动的系统之中不断变化发展而来的。他将生态系统描述成一个由小到大的同心圆所组成,用俄罗斯套娃进行比喻,即所指一个"较大"的系统影响"较小"的系统,并依次影响在发展中的个体。布朗芬布伦纳将此系统分为四个生态类(见图1-7):微系统(microsystems)、中间系统(mesosystems)、外系统(exosystems)和大系统(macrosystems):

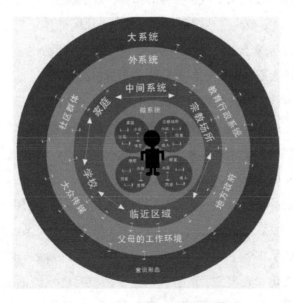

图1-7 生态系统理论嵌套结构模型

微系统是最里层的系统，布朗芬布伦纳认为是个体直接经验的场所，这些场所包含幼儿本身。在微系统里，对幼儿影响最大的就是他的家庭，但随着他的成长，互动范围扩大至学校、同辈、邻里等，而学校是学生在微系统里第二影响力的场所。

中间系统，在布朗芬布伦纳系统中，是指个体所在的微系统之间的关系，如学校和家庭或学校、家庭和社区之间等两两或者更多系统之间的关系。布朗芬布伦纳认为任何一个场所必然会与其他场所有所关联，人们的角色会在不同的场所进行转换，微系统之间的积极联系，促进人的发展实现最优化。

外系统，布朗芬布伦纳认为是与孩子直接接触到的微系统有关，但却不会是孩子直接参与的系统，这里面包含"父母的工作环境""地方政府""教育行政系统""社区群体""大众媒体"等。看似与孩子无关的公共场所会透过影响微系统里父母的工作模式、社会服务品质、社区安全等来影响孩子。

大系统，布朗芬布伦纳认为大系统是一个宏观的系统，是文化或文化中社会制度的意识形态和组织。不同文化具有不同的观念，这些观念渗透微系统、中间系统和外系统，直接或者间接影响孩子发展。

布朗芬布伦纳的生态系统理论的重要贡献在于用生态的观点剖析人类发展的文化面向，探讨了多个场所中的关系，并用同心圆的方式呈现各个关系是直接或间接参与孩子发展。他的理论和研究对文化和人类发展的研究的整个领域有着重要的引导作用，后续许多相关研究都由此衍生而来。

（2）维果茨基社会文化历史理论。

维果茨基的社会文化历史理论的主旨是个体发展必须在其社会文化历史的脉络中被理解，个体的成就不能与他们所投入的活动分开来看。维果茨基提供一个有用的思考框架来看待个体、文化和人类发展的整体视野。传统的发展心理学家认为个体的发展是根据时间段依次出现变化。而维果茨基认为孩子思考和学习使用的工具是由所在文化所提供的，是透过与别人一起参与复杂的思考，在最近发展区的互动使得孩子参与活动完成学习。因此，维果茨基学派的观点进一步为个人和文化的关系提供重要的概念。

（3）罗高福文化本质理论。

罗高福在社会文化理论的取向下提出文化本质理论，他认为发展是参与社会文化活动中的转化，人类发展必须建立在来自同属于该社群中成员的历史遗产之上，强调"人类发展是一个历程，是人类在其社群的社会文化活动中持续参与的历程，人们在社会文化活动历程中继承了他人所发明的实践，同时，也对参与的文化活动历程有所贡献"，"每一个时代的人们，当与他人一起投入社会文化而努力时，是在利用前个时代所遗留下来的文化工具和实践，并且加以延伸扩展"❶。因此，个体成就建立在文化实践之上，而这些实践也促进个体发展。由此可知，罗高福的理论为文化传承的必要性提供了强有力的理论支撑。

---

❶ 芭芭拉·罗高福. 人类发展的文化本质［M］. 李昭明，陈欣希，译. 新北：心理出版社，2008：47.

2. 文化回应模式

文化回应模式一词来源于多元文化教育领域。多元文化教育是舶来品,1990 年美国多元文化教育协会(NAME)正式成立,随后世界各国越来越多的教育系统关注多元文化教育。根据多元文化教育领先人物詹姆斯·A. 班克斯的观点,他认为多元文化教育具有三个根本性的属性,即它是一种思想、一种改革运动,一种持续的过程。多元文化教育在理论和实践上努力致力于让教育系统应对少数群体学生日益增加的这一现象。威廉·A. 豪和潘尼洛普·L. 利西定义多元文化教育是"一种完整的教育模式,这种模式认识到了文化对教学、学习和学生成绩的重要影响以及解决社会公平和平等问题的重要需求"❶。因此,多元文化教育特别看中教育中课程与教学对文化多样性的回应,从而不同的学者根据不同的观点提出了不同的取向模式,例如,班克斯的贡献取向、附加取向、转化取向和社会行动取向,除此之外还有"文化回应教学""文化相关教学论"等,其中最常用的术语为"文化回应教学"。Gay(2010)强调文化回应教学是一种立足于文化多样的课程内容,在教与学取得文化上的一致性,并实践透过文化回应的关怀❷。因此,文化回应式的内核在于透过文化进行关怀的实践,本研究由此衍生出"文化回应式"取向的扶贫,此种取向的观点是足以作为建构文化回应式教育扶贫的参考。

---

❶ 威廉·A. 豪,潘尼洛普·L. 利西. 多元文化:当教师遭遇新挑战 [M]. 刘清山,译. 黑龙江:黑龙江教育出版社,2017:21.

❷ Gay, G. Culturally responsive teaching: Theory, research, and practice [M]. New York: Teachers College Press, 2010.

　　根据教育人类学研究表明，教育中的文化不连续性可能会造成文化适应困难的情况出现，对文化归属感和认同感会产生重大的影响，儿童可能会因此得不到健康的发展，这种文化不连续性情况在少数民族学生上体现得更为明显。由于少数民族多处于自然条件相对艰苦、经济条件发展滞后、现代信息欠发达的地区，少数民族拥有属于自己独特的传统文化，儿童所接受的教育大多数是来自家庭和本民族的传统教育。在这个过程当中，个体通过家庭和社区习得了自己的民族语言、文化以及思维方式，儿童常常很难适应以现代性文化为主的学校教育，从而影响学校的教学质量。因此，如果此项目只是试图模仿那些针对一般学前儿童的教育服务，忽略民族地区各个民族所特有的文化因素，那么这种做法只会加剧不同文化背景儿童的发展差距，不能顺利帮助困境中的儿童获得他们最需要的帮助，影响教育扶贫的效果。

　　此外，贫困的成因目前主要分为三种取向，即个体主义贫困论、结构主义贫困论和关系主义贫困论❶。个体主义贫困论将贫困归因于个人及家庭因素，个人的不思进取、安于现状以及家庭的贫困文化是导致贫困的最大原因。这种观点认为家庭经济不增长是由于家庭成员不努力致使长期不能就业或者只能从事低收入的工作，以及消极的工作和生活态度，从而不能为儿童提供良好的生活环境和学习条件。结构主义贫困论将贫困归因于经济、政治、文化等结构性社会因素。他们反对个体主义贫困论观点，个体主义贫困论认为贫困是人们主动选择的后果，而结构主义贫困

---

　　❶ 孟照海. 教育扶贫政策的理论依据及实现条件——国际经验与本土思考[J]. 教育研究，2016（11）.

论认为贫困是人们被迫选择的事实，并不是所有贫困人员都是懒惰的、不奋斗的。经济发展不平衡、财富分配不合理、制度结构失衡、竞争规则不公平、公共资源分配不均等社会因素导致贫困人群在社会的快速发展中被排斥、被淘汰。关系主义贫困论认为贫困是由于贫困群体长期受到污名化影响而形成自我观念和自我角色的固化，由此倾向于宿命论，听天由命，自我角色期望低。在社会互动过程中，贫困群体会具有地位被贬低的群体特征，即对贫困人群的"污名化"。污名化使得其他群体对贫困群体出现一致的社会排斥反应。同时，污名化所带来的否定性人格会在贫困群体的情感反应、自尊发展与行为中反映出来。

贫困问题既有个人原因又有社会原因，是由多种原因综合运行造成，我国民族地区的贫困儿童三种取向的成因都有。基于此，帮助贫困儿童处理社会的误解和偏见，让儿童能透过学校的教学内容看到其个人意义，学习和培养贫困儿童对自身文化的自豪感，促进自我认同、民族认同和国家认同的良好发展，从而顺利地接受进步文化。因此，必须涉及更好地为少数民族地区的贫困孩子提供教育的具体策略和整体性的规划，而不是"头痛医头""脚痛医脚"的局部视野定式。"文化回应式"取向的教育扶贫更显关键和重要。

三、主旨、方法与章节架构

（一）本书主旨

本书的写作，主要通过以下四个方面探讨教育扶贫的背景下民族地区学前民族文化课程模式的特征、构成要素和内容。

第一，理论基础。课程的理念体现着课程模式的理性特征，探究教育扶贫视域下的民族地区学前教育民族文化课程体系是以哪几种理论为基础，研究哪种理念的课程结构更适合这样的教育条件。

第二，功能目标。探讨为了实现特定的教育扶贫功能，民族地区民族文化课程体系应该有如何的特定目标指向，从而可以使课程体系的构成要素和环节能围绕其功能目标来建构。

第三，课程结构。包含三个层面的课程结构研究：宏观结构即类别结构研究；中观结构即科类结构研究；微观研究即活动项目结构及潜在课程结构研究。

第四，支持系统。课程资源开发；教学材料准备；教室环境规划；师资结构与素质；评价机制。

（二）研究方法

本书各章所采用的方法与实施，主要以质性研究为范式，包括实地观察、深度访谈等方法收集资料，并加以整理。

1. 文献法

收集相关资料的文献，对文献进行梳理，分析我国民族文化结构特点，并借鉴前人对民族地区的民族文化教育、学前课程与教学方面研究的成果，以人类学、教育学和心理学等多学科理论基础，进行教育扶贫视域下的民族地区学前教育民族文化课程的理论建构。

2. 田野调查法

通过深度访谈、参与观察等质性研究方法进行实地研究，获取一手资料。了解民族贫困地区学前教育民族文化课程体系的现状。对功能目标、支持系统和适用环境进行分析。

3. 个案研究

本书选取四川民族地区学前教育扶贫的代表性项目"一村一幼"计划以及民族地区有实施民族文化课程的幼儿园作为个案进行研究。借助案例为抽象理论的分析提供现实依据和支撑，同时通过案例对课程结构的实施和评价进行研究。

（三）本书章节架构

本书总共分为五个章节。

本书的第一章"教育扶贫与学前民族文化课程"，主要探讨教育扶贫与学前民族文化课程的理论基础和实践意义。首先，探析学前教育扶贫的概念与重要性，并梳理四川学前教育扶贫的代表性项目"一村一幼"的具体目标、主要内容、指导理念、发展问题等概况。其次，本文探讨文化与文化传承的内涵，重视个体发展与文化历程的重要关系，依次从布朗芬布伦纳的生态系统理论、维果茨基的社会文化历史理论、罗高福的文化本质理论以及文化回应模式等理论的解析中衍生出"文化回应"取向的教育扶贫的视角。"文化回应"取向的教育扶贫，其内核在于透过文化进行关怀的实践。让儿童能透过学校的教学内容看到其个人意义，学习和培养贫困儿童对自身文化的自豪感，帮助贫困儿童处理社会的误解和偏见，从而促进自我认同、民族认同和国家认同的良好发展，从而顺利地接受进步文化。

本书的第二章"学前民族文化课程概述"，依次探讨学前民族文化课程概念、课程目标、课程内容、课程实施、课程评价。本章将学前民族文化课程界定为：基于学前儿童的身心发展需要，对儿童生活其中的优秀民族文化进行选择和组织，将其融入幼儿园课程设计与实施中来。学前民族文化课程的总目标传承和保护民族文化，保持文化多样性；增强学前儿童的文化认同感，形成文化归属感，为学前儿童提供文化合宜课程，促进社会公平和正义。学前民族文化课程内容要考虑民族地区的经济文化类型和地方性知识，但并非所有的地方性知识都能作为适合的课程内容传递给学前儿童。只有能遵循儿童身心发展适宜性、适合社会发展需求的地方性知识才能成为学前民族文化课程内容的来源。因此从浩瀚的地方性知识到幼儿园课程内容，要经历一个"收集—整理—筛选—改变—尝试—推广"的过程。学前民族文化课程作为一种地方课程和园本课程，如果课程远离了学前儿童的生活世界，忽视了学前儿童的文化背景，那么课程在实施过程中就难以建立在儿童已有的经验基础上，从而造成课程与生活的疏远。因此学前民族文化课程要体现本民族优秀文化成果，符合该地区的发展规划。融传统文化与现代文化于一体，以开放、多元、包容、和谐理念为指导，课程体系要体现可操作性和可传播性。学前民族文化课程评价是在自然的环境下，通过儿童与教师以及其他课程参与人员的相互对话，对课程进行价值判断，从而对课程加以完善的过程。课程评价应该着眼于为民族地区学前儿童的成长服务，旨在促进课程不断进步。

　　本书第三章"游戏与学前民族文化课程"，探讨游戏的内涵与外延，探讨文化视野下、发展视野下、教育视野下的游戏价值。首先，确定游戏是民族学前课程质量的核心，回应学前教育扶贫从数量增长转向质量提升的关键，游戏在国际、国内的幼教课程改革与研究中被证明是学前教育的质量核心，大势所趋，民族地区学前教育质量提升必须依赖游戏，不能脱离此而另辟蹊径。《幼儿园教育指导纲要（试行）》指出"游戏是幼儿的基本活动"，"幼儿园以游戏为基本活动"表明学前教育不同于其他基础教育阶段，其质量核心为"游戏"。若学前教育扶贫不回应"游戏"，借用小学模式、单项追求学业成就，不仅无法真正提升学前教育质量，还会加剧学前教育差距。小学化的方式表面上缩小了分数的差距，实际从学习品质上，越来越拉大民族地区学前儿童与其他地区儿童的学习差距。学前教育本质追求儿童游戏精神，需回归儿童生活，也为民族地区学前教育扶贫路径提供了关键视角"游戏"。其次，旨在建构学前民族文化游戏课程，从游戏的行为层面走向精神层面，关注游戏精神，并提出要以游戏精神观照教育，游戏精神在教育教学活动中的贯串，而不是将民族文化作为课程内容，游戏作为课程实施形式，二者进行简单叠加。解决用游戏的形式来呈现民族文化的内容，游戏仅仅是一种教学策略与手段，与文化内容融合得表面、生硬。游戏只作为民族文化的附加品、特色、依附，外显形式，游离课程之外过去只是提取民族文化的资源，作为内容。强调游戏课程的架构不是要把课程全部转化为游戏活动，而是在整个课程中贯穿游戏精神。民族文化中有很多活动，如艺术活动、歌谣语言活动，本身就具有游戏的特点，是游戏性活动。如硬生生再改造成游戏活动，反而会使游戏异化，适得其反。但游戏性活动的组织需要充分体现游戏精神与儿童精神。

本书第四章以四川省阿坝藏族羌族自治州（以下简称"阿坝州"）为个案，介绍阿坝州的教育概况，分析阿坝州的学前民族文化课程的实施现状与特色。阿坝州学前民族文化课程以推动双语教育为重点，积极倡导"因地制宜、以人为本、传承文明、凸显特色"的办园思想，以立德树人为目标，以游戏和双语教育为主要形式，充分利用本土资源开发课程、创设环境，做到了教育情境化、生活化；充分考虑幼儿期爱国主义和民族团结教育的重要性和特殊性，做到了教育儿童化、实效化；充分运用现代教育技术和民间传统玩具，做到了保教活动游戏化、趣味化。阿坝州编译儿童阅读书籍的双语系列并研发乡土文化绘本，解决双语教辅材料的问题，极具当地特色。

本书第五章以四川省凉山彝族自治州（以下简称"凉山州"）一所以民族文化课程为园本课程的幼儿园为个案。首先，研究调查凉山州幼儿教师对民族文化课程的态度，通过问卷调查法采取分层结合整群抽样策略，对四川凉山彝族自治州17个县市的幼儿教师进行了调查。整体而言，凉山教师理解课程对文化传承的重要性，但是在对如何促进幼儿的发展认识仍有努力的空间。对当地的民族文化了解程度有待提升或加强。其次，采用文件分析法，依照研究目的，透过在凉山州的幼儿园所收集的有关民族幼儿课程教育方面的材料，从中进行统整和归纳。最后，以凉山州幼儿园为例，呈现该幼儿园的民族文化课程的历史回顾，课程体系，优秀教学成果案例。

第二章　学前民族文化课程概述

应当把幼稚园的课程打成一片，成为有系统的组织。这种有系统的东西，应当以什么为中心呢？当然要根据儿童的环境。

——陈鹤琴

一、相关概念的界定

（一）课程

1. 课程的含义

在教育领域，课程是最重要、最复杂、最容易被误解的问题之一，人们对课程也存在不同的认识和理解。在我国，"课程"一词在汉语文献中最早出现可追溯到唐朝，孔颖达在《五经正义》里为《诗经·小雅·巧言》中"奕奕寝庙，君子作之"一句注疏为"维护课程，必君子监之，乃依法制"。宋朝朱熹在《朱子全书·论学》中提到"宽著期限，紧著课程""小立课程，大做功夫"，这里的课程是指功课和进程，此处的含义与当前人们对课程的理解比较相近。

在西方，英国学者斯宾塞在《什么知识最有价值》一文中

最早提出"课程",主要指教学内容的系统组织。"课程"(cur-
riculum)一词来源于拉丁语"currere",意为"跑"。"curricu-
lum"作为名词可解释为"跑道"。根据这个词源,西方很多学
者将课程定义为"学习的进程",简称"学程",即儿童学习的
路线和轨道。随着人们对课程的不断深入研究,逐渐突破原有静
态的理解,开始研究学习者与教育者的动态体验过程,强调学习
的过程性。

纵观古今,课程的定义种类繁多,关于课程的著作成果颇
丰,将众多定义进行划分,可以大致分为以下几类。

(1) 课程即科目。

这是对课程最为普遍化的、也是最早期的定义,将课程看作
教学的科目,强调学科的科学体系,注重在学习者的发展特征和
认知水平上编制教材内容,以期让学习者能获得系统的整体学
习。这种课程主要包括教科书、课程标准、课程计划和课程大
纲,其中课程内容主要是来自人类文化遗产。但是忽视学习者自
身的经验,把课程内容与课程过程割裂开来是这种定义的最大
不足。

(2) 课程即目标。

这种课程定义将课程看作教学过程要达到的目标,特别重视
学习者的学习结果和学习目标的达成,对学习者学习的过程并不
太关心。教学和学习过程体现了一种预期关系,即通过教育者提
供教学或经验,结合学习者的行动而达到预期的学习结果,目标
达成与否作为评价课程效果的主要标准。这种定义也忽视了学习
者的现实经验,其课程内容是外在于教育者和学习者之外的,片

面强调课程目标和计划，遮蔽了课程过程本身的价值。

（3）课程即经验。

这种课程定义将课程视为在学校教师的指导下学生获得的经验或体验，以及学生自发产生的经验或体验。儿童发展是课程的中心，课程的编制和实施必须考虑儿童的经验。与前面两种将课程外在于学习者的定义不同，这类课程的最大特点是强调学习者自身的经验，进而突破了课程中"无人"的局限，消除了课程内容与过程、课程目标与手段之间的"鸿沟"。但这种定义由于过度强调学习者的经验和体验，反而忽视了系统知识对儿童发展的重要性。

2. 课程的类型

根据不同的分类标准，可以将课程分为以下不同的类型。

（1）学科课程与活动课程。

学科课程是指以人类文化知识为基础，按照一定的价值标准从不同学科领域中选择一定的内容，根据知识的逻辑体系将所选择的知识整合为课程。中国古代的"六艺"和古希腊、古罗马时期的"七艺"可以被看作学科课程的最早形态。学科课程以学科中的逻辑经验为基点，课程目标的设置和课程开发都遵循学科知识的逻辑体系。活动课程又叫作"经验课程""儿童中心课程""生活课程"，是以儿童的兴趣、动机和经验作为出发点，强调学习者的体验和反思。活动课程基于学习者当前生活中的各种经验，将学习者看作具有能动性和创造性的个体，且个体存在能力、倾向性方面的差异。在活动课程的开展过程中，学习者的思维和行动相统一、智力与情绪相统一，最终目标是实现人的整体发展。

（2）分科课程与综合课程。

分科课程强调一门学科逻辑体系的完整性，突出每门学科与其他学科的差异性，学科与学科之间无法交叉融合，学科之间是相互独立的。与分科课程的单学科课程模式相反，综合课程则是多学科课程模式。综合课程一定包含着两种及两种以上学科的课程知识，围绕一个中心或一个主题，并将这些课程知识进行融合。围绕不同的主题，综合课程又可以进一步细分为学科本位综合课程、经验本位综合课程、社会本位综合课程。

（3）显性课程与隐性课程。

显性课程是指学校教育中有计划、有组织实施的"正式课程"，又称为"官方课程"，通过实施显性课程，学习者能收到预期性的教育影响，一般体现为学术知识。而隐性课程是学生通过学校环境（物质环境、社会环境、文化影响等）学习到的非预期性的知识、技能和价值观。隐性课程正因为不像显性课程那样具有计划性，因此又叫作"非官方课程""非正式课程"。隐性课程包含的范围很广，除了学校中的物质环境、社会环境之外，还包括社会制度中的价值观念、意识形态，还包括学生的情意方面、认知方面、直觉方面的学习。

（4）一元化课程与多元文化课程。

一元化课程是一种"主流中心的课程"，是一种以占主导地位的民族的文化、历史、立场和经验为中心设置的课程。❶ 随着

---

❶ 朱家雄. 幼儿园课程［M］. 2 版. 上海：华东师范大学出版社，2011：7.

当前科学技术的发展、社会的变迁和人口的流动，社会正逐渐呈现多元化趋势。多元文化课程正是看到了社会的多元化发展的趋势，站在基于族别、性别以及能力等方面的差异，鼓励儿童参与多元文化社会。多元文化课程旨在为儿童提供适应多元文化社会的知识、能力和价值观。

（二）学前教育课程内涵

1. 含义及构成要素

学前教育课程以学前儿童为教育对象，面临不同年龄阶段的儿童课程的目标、内容、过程等方面肯定具有差异性。学前教育课程是有组织的架构，在这个架构中，包括儿童要学习的内容、儿童达成课程目标的过程、教师为了帮助儿童达成目标的具体做法以及教学活动的背景。

这个定义涵盖了学前教育课程的四个具体方面，首先儿童要学习的内容指根据儿童经验、兴趣、需要等确定主题，进行传授的内容；其次儿童在课程实施的过程中，涉及时间、空间和方法的选择，其中游戏是这个过程中重要的媒介；再次教师为帮助儿童实现课程目标，应具备儿童发展基本理论知识，了解儿童学习发展的历程，能察觉到儿童的个体差异并做出应对，以满足儿童的个性化需求；最后学前教育课程的实施离不开背景，大到社会价值观念，小到儿童家庭文化背景等都会对课程开展产生影响。

2. 有效课程的四个要素

学前儿童课程有多种结构和形式，任何课程要想有效地对儿童产生影响，真正能引领儿童的发展，必须满足以下四个要素。

（1）整合各领域课程。

学前儿童教育应是身体动作、语言、社会情绪、智力和创造力全面发展的全人教育，各领域之间相互关联，协调发展之后协助儿童认识整个世界的价值和意义。因此，课程为了满足儿童全人教育的发展，以整合课程的形成统整各领域课程，合理地安排在幼儿园一日生活之中。各领域横跨在儿童不同的活动里面，儿童以游戏的形式参与，增强各领域的学习。整合课程在幼儿园一般以主题教学或方案教学的形式展开。

（2）从儿童身上萌发课程。

要想充分发挥课程的有效性，还需要真正以儿童的经验为课程的设计基点，从儿童的兴趣和需要中慢慢呈现或发展出课程内容来，强调课程的生成和创生性。儿童是主动积极的学习者，他们可以依照自己的兴趣参与活动，自行选择所需要的游戏材料。教师扮演环境创设者和游戏引导者的角色，而且还要观察和评估儿童的行为，并支持儿童和扩展儿童发展经验。这就要求教师必须从儿童身上"找线索"，即注意到儿童每天玩什么、不愿意玩什么、改变什么。萌发课程聚焦点不在活动本身，而是在儿童身上。

（3）融入多元智能理念。

加德纳提出的多元智能理论表明儿童能以许多不同的方式来建构自己的知识，每个儿童都有八种多元智能，只是表现出来擅长的程度不同而已。教师要将多元智能理念融合到课程中来，让儿童用不同的方式体验课程、主题、概念等，通过调整教学方法及内容，发展儿童的各项智能领域。一个统整的"多元智能"

（Multiple Intelligences，MI）课程，让广泛的活动融入各种智能，并使更多幼儿借着自己的能力而成功学习的理念成真。❶

（4）关注儿童学习形式的差异。

人们都有属于自己的接受和获得信息的方式，进而形成个人偏好的学习形式。不同的学习形式会影响儿童的行为，儿童通常展现出视觉型学习者、听觉型学习者和触觉型学习者三种不同的形式，每个儿童以各自的学习形态去回应学习过程中的各种经验。同样在课程开发和课程目标设置时，为了最大限度地发挥课程的有效性，教师要重视儿童不同感官的刺激，为儿童提供多种机会，根据儿童偏好的学习形式来开展活动和游戏。

3. 学前教育课程、游戏、教育活动三者之间的关系

游戏源于儿童自发的动机，自然地满足儿童的需求，作为儿童的一种生活方式，是世界所共有的童年经验。以游戏为基础的课程可以最大程度地激发儿童的学习潜能。游戏强调顺应儿童自然而然的发展。学前教育活动指幼儿园中具有教育价值的不同类型的活动，包括有计划、有目的的活动，还包括无计划、无目的但对儿童发展具有意义的活动。学前教育课程正是通过各种类型的教育活动，将教育理念转化为具体的教育实践。学前教育活动强调将儿童的发展纳入顺应社会发展的要求中。朱家雄按照幼儿园教育活动中游戏和教学的所占比重不同，将教育活动分为无结构化教育活动（纯游戏）、低结构化教育活动、高结构化教育活动、完全结构化教育活动（纯教学）。

---

❶ Ann Miles Gordon，Kathryn Williams Browne. 幼儿教育概论［M］. 段慧莹，译. 新北：心理出版社，2008：350.

在幼儿园的课程实施中，要处理好游戏和教学的关系。课程是贯穿学前教育的主线，游戏和教育活动作为课程的一体两面，两者不可相互替代，但可以相互发挥各自的优势，实现游戏和教学的最优化结合。幼儿园教育工作者应充分认识到游戏和教学各自的价值，游戏和教学活动有机融合是实现幼儿园课程有效性的坚实保障。

（三）文化、民族文化与学前教育课程

1. 文化

英国文化人类学家泰勒认为，文化是"一个复合整体，包括知识、信仰、艺术、道德、法律习俗以及作为社会成员的人所习得的其他一切能力和习惯"。❶ 关于文化的定义，不同的学科有不同的界说，且各种界说都有一定的合理性。纵观学界对文化的各种界定，可以总结出文化具有以下特性：第一，文化是人类所特有的，人类发展的漫长历程其实也是文化的发展历史；第二，文化具有动态生成性，文化在传承发展的过程中有保留也有扬弃；第三，文化具有复合性，实物、符号、文字等有形文化表达着文化的内容，而信仰、价值、观念等作为无形文化也在传递着文化的内容；第四，文化具有群体差异性，它是基于某个地区或某个民族社会成员所共有的，获得了该群体成员的一致认同，同时不同地区、不同民族的文化是各不相同的，具有差异性。

文化是课程内容选择的来源，为课程编制设定了基本的逻辑

---

❶ E. B. Tylor. The Origins of Culture ［M］. New York：Harper and Brothers Publishers，1958：1.

规则。课程是文化发展的结晶，也是让文化得以传承和发扬的重要途径。

2. 民族文化

民族文化是各民族在其历史发展过程中创造和发展起来的具有本民族特点的文化。[1] 基于共同地域环境、共同经济水平、共同语言生活在一起的人们创造了属于自己本民族独有的文化，因此民族文化有强烈的民族属性，体现着他们的历史传统、政治经济、文学艺术、科学技术和风俗习惯等。克拉克洪曾经把文化传统分为显性和隐性两种，诸如民族服饰、礼仪、饮食习惯、居住风俗等属于显性的文化传统，价值取向、观念态度、心理倾向等属于隐性的文化传统。有研究者将少数民族文化划分为以下六个基础门类：生活文化、节日文化、民间传承文化、信仰崇尚文化、科技知识工艺文化、婚姻家庭和人生礼仪文化。[2]

3. 民族文化与学前教育课程的关系

美国幼儿教育协会提出的为幼儿提供发展合宜课程（Developmentally Appropriate Curriculum，DAP），即整个课程体系要基于儿童不同年龄的身心发展特征的年龄合宜，基于儿童成长速度和学习形式的个体差异合宜，基于尊重儿童家庭及社会文化背景的文化合宜。其中文化合宜的课程要真正关切到儿童民族、性别、能力等多元文化背景，以达到"调整学校环境，使各种族的

---

[1] 中国大百科全书总编辑委员会. 中国大百科全书·民族 [Z]. 北京：中国大百科全书出版社，1986：313.
[2] 宋蜀华，陈克进. 中国民族概论 [M]. 北京：中央民族大学出版社，2001：208.

学生能接受平等的教育与经验"。将民族文化与学前教育课程相融合，尊重学前儿童所处的社会文化环境，就是为学前儿童提供文化合宜的课程，民族文化为学前教育课程的编制、设计和实施提供了丰富的素材内容，涉及幼儿园中"教什么"和"如何教"等问题，同时民族文化也在一定程度上决定着"为什么教"的问题，课程的实施也表明对民族文化的回应。

因此，本书将学前民族文化课程界定为：基于学前儿童的身心发展需要，对儿童生活其中的优秀民族文化进行选择和组织，将融入幼儿园课程设计与实施中。

（四）民族文化课程的发展模式

多元文化主义作为一种教育理念，其关键是承认文化的多样性，促进不同文化之间相互交流，彼此融通，形成多元包容的教育氛围。但需要注意的是，民族文化课程的构建并非一蹴而就，简单的把民族文化资源引入课程中仅仅触及了多元文化教育的表象。为此，多元文化教育的代表人物班克斯（Banks）根据课程中对族群内容的不同整合等级，按照循序渐进、由浅入深的原则，建构了一套四阶段课程发展模式。❶

1. 贡献阶段

该阶段作为课程发展的第一阶段，教师关注的重点集中于文化群体比较明显的特征。例如，本民族的重大节日、饮食文化、英雄人物等，教师会将上述内容作为课程资源融入课程中。儿

---

❶ J. A. Banks. Approaches to Multicultural Curriculum Reform [J]. Multicultural Leader, 1988, 1 (2): 1-3.

童初步接触到本民族的文化特质，但无法全面深入了解自己群体文化的历史和经验，也暂未涉及鼓励儿童去了解其他民族文化。

2. 附加阶段

该阶段教师工作的重点是在不改变课程基本结构的基础上，开始逐步向课程中增加特定族群的概念、内容和主题。受教育者可以进一步了解本民族的经验和历史，全面认识本民族文化遗产，逐步形成文化认同感。但由于是只针对本民族文化的内容附加，依然缺乏对其他族群文化的了解和认识。

3. 转变阶段

这一阶段教师将重点转入努力改变原有课程结构，鼓励受教育者去了解不同民族文化的特点，在了解不同文化之后，建构出自己对民族文化的认同感，并提出自己的概念和观点。受教育者在这一阶段还会学习到知识的不同类型、知识与权力的关系等内容，初步形成对文化的批判分析能力。

4. 决策与行动阶段

该阶段作为课程发展的最后一个阶段，旨在教会受教育者如何思考与决策，以及在观念的指引下开展行动。教师在本阶段工作的重心是提供宗教、语言、性别、阶级等议题，让学生展开讨论，在讨论结束后进一步澄清自己的价值观念，通过反省并提出决策，进而付诸行动，将改革理念与实践结合起来。

班克斯指出，上述课程发展模式是由低到高分步骤进行的，我们当前的学校教育中多元文化课程发展比较容易达到第一个阶段和第二个阶段。但从第三阶段开始，由于要涉及课程结构的改变，对教师和受教育者的知识能力水平要求较高。教师可以根据学生的发展水平，从某个阶段逐步带领学生进入下一个阶段，也可以同时展开混合使用不同的阶段，最终目的都是设计并实施多元文化课程。学前民族文化课程将民族文化内容融入幼儿园课程中，让民族地区学前儿童通过各种形式的活动和游戏认识体验本民族的文化，体现了多元文化主义的意识形态。通过上述分析可以推断，学前教育阶段的民族文化课程还处于第一个阶段，目标是初步培养学前儿童的多元文化意识，激发学前儿童对本民族文化的自豪感。

（五）学前民族文化课程的价值

1. 增加学前儿童的生活经验，满足学前儿童发展的需要

在蒙台梭利看来，"儿童有一种天生的能量，促使他通过吸收性心智适应当下的时代与文化。这就是人类漫长童年存在的意义"。❶ 儿童的吸收性心智就像海绵一样去吸收环境中的一切。儿童遇到和接触到的人、事、物都会对他们产生影响。因此儿童周围的文化环境与儿童身心和和谐发展有密切联系。民族文化以课程的形式浸润儿童的心灵，以丰富绚烂的形式启蒙儿童的心智，使儿童得到潜移默化的熏陶。民族文化来自儿童的生活世界，具有亲切感、归属感的课程内容可以激发儿童探索的兴趣，通过各种方式增加儿童的感性经验，体会生活和生命的乐趣，促进学前儿童身心的和谐发展。

---

❶ 夏洛特·普桑. 蒙台梭利教育精华：让孩子自信又独立 [M]. 尹亚楠，译. 杭州：浙江人民出版社，2015：12.

2. 促进幼儿园课程发展，丰富幼儿园课程资源

离开本民族的学前教育，从学前教育实践发展的多样化来看，文化缺失的学前教育质量观可能会遮蔽本土性学前教育的独有特色，使其失去成长与完善的合法性空间。❶ 当前学前教育阶段，幼儿园课程的"复刻性""同质化"的现象比较明显，千篇一律的课程模式缺乏对幼儿园当地文化背景的深入思考，因此正如露丝·本尼迪克特所言，"一旦教育传递的文化同实际生活不相一致，一旦儿童不再与传统发生关系，文化适应的困难就会导致文化危机的产生"。❷ 因此挖掘各民族宝贵的文化资源，结合学前儿童的身心发展水平，将其纳入幼儿园课程设计的整体框架内，可以极大地丰富幼儿园的课程资源，并加深学前儿童对本民族文化的认识和了解。

3. 保护传承民族文化，增强学前儿童文化认同感

民族文化是通过其成员在世世代代的社会生产和生活活动中不断更新传承而来，是一个民族的"血脉"和"精神寄托"。切实地保护和传承少数民族文化，是我国构建和谐多元社会的必然诉求。学前儿童对本民族文化的认同是族群认同和国家认同的基础。处于文化多元化的全球化时代，学校教育承担着重要的角色，不仅要让学生懂得文化的多样性，而且还要认识不同文化之间的相互依存性。在幼儿园里，课程作为文化传播的载体，结合形式多样的活动和环境创设，让儿童了解本民族独有的文化，激

---

❶ 李召存. 何为"好的教育实践"：学前教育质量的文化性省思 [J]. 全球教育展望, 2014 (11)：44.

❷ 冯增俊. 教育人类学教程 [M]. 北京：人民教育出版社, 2005：259.

发儿童对本民族文化的热爱之情，引导儿童形成积极的民族归属感和自豪感，进一步增进儿童的文化认同感。

二、学前民族文化课程目标

课程目标是教育目的和教学目标在具体课程实施过程中的细化，体现了幼儿园特定的价值观和理念。确定课程目标，就可以使幼儿园的课程编制和设计更具方向性，使幼儿园的课程内容选择更具指导性，并与课程的实施和评价组成一个系统的整体。在介绍学前民族文化课程目标之前，先要回溯一下已有的课程目标取向。

（一）课程目标取向

1. 普遍性目标取向

普遍性目标取向是目前最古老课程的目标取向，可以追溯到我国先秦时期、西方古希腊、古罗马时期。它坚持"普遍主义"的价值观，认为所有课程目标都能够并应当运用于所有的教育情境。这种基于经验、哲学观、伦理观、意识形态或社会政治需要而引出的一般教育原则，直接运用到课程与教学领域，并将这些一般原则与课程教学目标等同起来，因此具有模糊性和普遍性。正因为缺乏对课程目标深入的认识和系统的了解，这种单向度的目标取向也呈现出一些缺陷，比如对目标的界定不够明确，缺乏具体的指导性，同时逻辑论证不够严密，在运用的时候会表现出随意性。

2. 行为目标取向

行为目标取向一度在课程目标取向中占据主导地位，最初由博比特提出，经过泰勒等人的发展确立了行为目标取向在课程领域的地位。该取向强调以具体的、可操作的行为的形式进行陈述，关注经过课程和教学过程发生在学生身上的行为变化，以此作为评判课程目标是否达成的标准。课程目标的行为目标取向尤以布鲁姆等人的教育目标分类最具代表性。"教育目标分类学"包括认知领域、情感领域和技能领域三部分。每个领域内部由低到高、由简单到复杂分为不同层次的目标。这些具有层级结构的目标分类框架超越了学科内容，适用于不同的学科和年级，而且各类教育目标以学生具体的、外显的行为进行陈述，具有较强的操作性，在评价和交流的时候也有一定的可行性。但"教育目标分类学"也存在缺乏逻辑一致性、各行为目标之间以及行为目标与亚类行为目标彼此之间界限不明确等缺陷，这也是后人不断思考的问题。梅杰、法波姆在总结前人关于行为目标理论的基础上，掀起了"行为目标运动"，将行为目标取向推向巅峰。

3. 生成性目标取向

与行为目标取向重视行为结果不同，生成性目标取向更关注过程。生成性目标是伴随着教育情境的展开而自然生成的课程教学目标，反映了教育演进过程的方向性，是问题解决的结果，反映了受教育者经验生长的内在要求。该目标取向最早萌发于杜威的"教育即生长"命题，强调课程教学目标是教学经验的结果。随后斯腾豪斯借用彼得斯的"过程原则"，强调了教师在教育过程中的引导性。由于生成性目标是过程性取向，突出教师、学生、教育情境之间的相互作用与影响，在不断的相互作用过程中，课程与教学目标逐渐形成。与行为目标相比，生成性目标将过程和结果、目的与手段统一起来，学生在与教育情境的交互作用过程中产生了属于自己的学习目标，是基于学生自身发展的需求而产生的目标，而不是教师和其他人强加的外在目标。随着一个阶段的学习过程结束，新的学习开始后，学生又会产生新的问题和提出新的目标，因而伴随着持续不断生成的问题情境，目标也持续动态生成。生成性目标取向对教师的要求较高，如果教师缺乏与学生对话的技能，学习过程就变成学生的"独角戏"，至于效果如何，教师难以进行评价。

4. 表现性目标取向

表现性目标取向由艾斯纳提出，他深受其从事的艺术教育影响，指出课程中有教学性目标和表现性目标两种不同的教育目标。教学性目标强调规定性和共同性，而表现性目标突出异质性和多元化，指每一个学生个体在与具体教育情境的种种"际遇"中所产生的个性化的创造性表现。[1] 艾斯纳认为，教学性目标和表现性目标都同时存在于课程教学的实践中，适用于不同的课程内容。表现性目标比较适合复杂的智力性活动，学生根据已有的理解和技能可完成智力性活动，并且此类活动有时需要创新发明，创造性的活动使人类文化得以扩展和重构。表现性目标鼓励学生利用已有的技能，进一步拓展和探索自己的观点、情感和

---

[1] 钟启泉，张华. 课程与教学论［M］. 沈阳：辽宁大学出版社，2007：167.

意象。

通过上述四种课程目前取向的简要介绍，可以看出众多学者围绕课程目标的性质和课程目标展开了讨论，反映了课程发展过程中对人主体性的追求，突出了学生个性化发展的需求。其实各种课程目标取向都有可借鉴之处，也有不足之处，因此在进行学前教育课程编制时，要充分认识到各种取向的价值，选择适合的课程目标取向，为课程体系的设置服务。

（二）课程目标内容

课程目标贯穿课程的全过程，探索学前民族文化课程的目标，是建立学前民族文化课程体系的起点，是选择民族文化课程内容、实施评价民族文化课程的前提。教育的目的是培养一个经过文化浸润的全面发展的人，没有任何一种文化能比本民族的优秀文化更能滋养本民族地区的儿童。当前民族地区推进本民族文化融入幼儿园课程时，存在课程资源碎片化、多以语言活动为主、忽视儿童其他领域发展等问题，因此建议系统的学前民族文化课程目标体系显得尤为重要。学前民族文化课程目标体系由总目标、内容目标和具体活动目标三个层次构成。

1. **学前民族文化课程总目标**

学前民族文化课程的总目标传承和保护民族文化，保持文化多样性；增强学前儿童的文化认同感，形成文化归属感，为学前儿童提供文化合宜课程，促进社会公平与正义。

2. **学前民族文化课程内容目标**

借鉴有关学者对民族文化的分类维度，从以下几方面来制定学前民族文化课程的内容目标。

（1）生活文化。了解本民族的服饰装扮，熟悉并喜爱本民族的饮食，认识本民族的建筑风格，知道本民族具有代表性的交通工具等。

（2）节日文化。知道本民族的重要年节，了解本民族特有的农事、纪念、庆典等节日活动，感受节日的欢乐气氛，乐于参与各项节日活动。

（3）民间传承文化。了解本民族的民间文学，体会其传递的价值观念，感受本民族美术、音乐、舞蹈、戏剧带来的美，尝试进行创作与表达，喜欢参加本民族的竞技和游艺活动。

（4）信仰崇尚文化。认识本民族文化中崇尚的吉祥图案，知道吉祥图案代表的寓意，了解本民族经典的神话故事。

（5）科技知识工艺文化。认识本民族日常生活中生产技术的代表工具，感受本民族日常生活和生产的乐趣。

（6）婚姻家庭和人生礼仪文化。熟悉本民族家庭成员的称谓，了解基本的交往礼仪，喜欢与家庭成员沟通，表达自己内心的想法。

3. 学前民族文化课程具体活动目标

学前民族文化课程具体活动的目标是每一个具体的教育活动过程设计的依据，是课程总目标的具体化，也是评价教育活动的重要标准。在目标设置的时候，要综合考虑两方面的内容，即年龄水平目标和教学活动目标。一方面，要把握学前儿童的年龄水平目标，把握学前儿童身心发展的特点，参考《3~6岁儿童学习与发展指南》，从健康、语言、社会、科学、艺术五个领域描述 3~4 岁、4~5 岁、5~6 岁三个年龄段学前儿童的发展特点和典型行为表现；另一方面，还要把握具体教学活动目标，在具体的教学活动中都包括知识与技能、过程与方法、情感态度与价值观三方面的目标。在设置目标的时候应尽量考虑到学前儿童所要发展的各个方面内容，仅有认知方面的要求，忽视能力或态度方面的要求，又或者仅有能力目标，忽视认知或态度方面的目标等都是不适宜的。

（三）设置学前民族文化课程目标的主要环节

在正式设置学前民族文化课程目标的时候，需要充分考虑课程目标的来源。首先要考虑学习者的需要，即学前儿童的需要，包括儿童的身体动作发展水平、认知发展水平、语言发展水平、社会情绪发展水平、创造力水平等。其次要考虑当前社会生活的需求，包括学前儿童所在的民族地区和国家发展需求，该地区当下生活发展的需求，以及社会生活未来发展的需求。最后要考虑学科知识的逻辑体系，即制定课程目标时需要明确知识的价值是什么，什么知识最有价值，谁的知识最有价值。

1. 确定教育目的

国家教育目的是课程目标的终极目的，是特定价值观的体现，直接回答"培养什么样的人""什么是受过教育的人"等问题，课程目标是为国家教育目的服务的。

2. 确定课程与教学目标的基本来源

课程设计者和实施者面临课程与教学目标的三种基本来源，即学前儿童的需要、社会生活的需求、学科知识的逻辑体系三者的关系如何协调？以哪个为基点？确定基点后，如何处理其他处于从属地位的目标来源关系？

3. 确定课程与教学目标的基本取向

课程与教学目标的基本取向反映了特定的价值观，目标取向的确立是目标内容的选择和目标陈述的前提。在普遍性目标取向、行为目标取向、生成性目标取向和表现性目标取向之间做出选择，如果是蕴含多种取向，如何处理几种取向之间的关系？

4. 确定课程与教学目标

在教育目的、课程教学目标的基本来源、课程教学目标的基本取向确定后，结合学前民族文化课程的总目标、内容目标和具体活动目标，把握住学前儿童的身心发展特点，从认知、技能、情感等多领域综合确定课程教学目标体系。

三、学前民族文化课程内容

（一）学前民族文化课程内容选择的原则

课程内容的选择是根据特定的价值观和相应的课程目标，从学科知识、当代社会生活经验或学习者的经验中选择课程要素的过程。课程内容是课程目标实现的具体手段，回答"教什么"和"学什么"的问题。在选择课程内容的时候，要注意协调课程内容要适宜儿童发展特征、贴近社会生活、强调课程内容的基础性三方面的关系，遵循以下原则。

1. 主体性原则

学前民族文化课程内容的选择应始终坚持以学前儿童为主体的原则，站在幼儿的立场来审视课程内容的适宜性，符合幼儿的兴趣和需要，避免一味追求课程内容的"高大上"，促使幼儿从"要我学"转变为"我要学""我爱学"。

2. 发展性原则

学前民族文化课程的内容在选择上应略高于学前儿童当前的水平，同时又是学前儿童通过努力可以完成的。随着儿童的年龄增长，其经验和能力也在不断提升，课程内容也要不断完善和丰富。

3. 整合性原则

学前民族文化课程的内容应放在一个较为宽泛的范畴内进行选择，要将学前儿童发展看作一个整体，不能简单生硬地割裂幼儿发展所需要的经验。将幼儿园课程领域与民族文化内容整合起来，挖掘课程内容之间的内在联系。

4. 序列性原则

学前儿童的学习过程是先前经验自然发展，后续的学习能加深和扩展先前的经验。因此在选择课程内容的时候，要注意学前儿童知识经验的储备、知识经验掌握的时间先后顺序等。

5. 可行性原则

学前民族文化课程的内容除了要基于儿童的身心发展水平之外，还要切实考虑其他与课程实施相关的要求。如学前儿童所在地区的经济条件、风俗习惯、家园合作氛围等，还要考虑幼儿园教师的实施能力、教学资源的开发设计能力等。只有综合考虑了以上因素，才能真正选择适合民族地区学前儿童的文化课程。

（二）学前民族文化课程内容选择的特殊性

学前民族文化课程是课程设计者基于该民族地区的文化背景，尊重学前儿童的身心发展需求，编制出的适合本民族的文化回应性课程。因此在选择学前民族文化课程内容的时候，教育者的文化敏感性就显得尤为重要，能否站在本民族地区独特的自然生态和社会文化环境下，设计并筛选出真正适合学前儿童的文化适切性课程，是推进课程有效实施的关键。作为地方性课程，当地的经济文化类型与地方性知识是课程体系建构中必须考虑的因素，也是学前民族文化课程与国家性统一课程的区别所在。

1. 学前民族文化课程内容的选择要考虑当地经济文化类型

在苏联民族学家托尔斯托夫、列文和切博克萨罗夫提出的"经济文化类型"概念的基础上，我国学者林耀华通过实际调查和理论分析，针对我国的具体国情，提出经济文化类型是"居住在相似的生态环境下，并操持相同生计方式的各民族在历史上形成的具有共同经济和文化特点的综合体"。❶ 每一种经济文化类型反映了该地区的生态基础、生计方式、社会组织形式及各种典章制度、意识形态等内容，具有一定的代表性。经济文化类型是经济和文化相互联系的综合体，每个类型的文化特征首先取决于

---

❶ 林耀华. 民族学通论 [M]. 北京：中央民族大学出版社，1997：86.

该地区由地理条件所规定的经济发展水平。经济文化类型是历史长期发展的产物，相对比较稳定，但也并非固定不变。林耀华将我国经济文化类型划分为以下三种：采集渔猎经济文化类型组、畜牧经济文化类型组、农耕经济文化类型组。其中农耕经济文化类型组又可以细分为山林刀耕火种型、山林耕木型、山林耕猎型、丘陵稻作型、绿洲耕牧型和平原集约农耕型共六种亚类型。❶

通过以上分析可以看出，正是因为经济文化类型的不同，各地区存在较大的差异。经济文化类型也对当地的教育组织特别是学校提出了要求。单一的国家课程开发模式不能适应民族地区的发展期望，城乡二元结构和区域发展不平衡无法满足民族地区学前儿童对课程丰富多样的需求。如果一味地采用高度统一的课程内容，本质上是忽略了经济文化类型差异对教育的影响和需求，试图以标准化的视角推行大一统的课程结构，脱离地方知识和文化的差异，则无法对当地的经济文化类型做出具体的回应。学校教育应该认识到该地区的经济文化类型，课程内容的选择和设计也应该符合当地特定的经济文化类型，学前教育的课程内容也应该涉及本地区经济文化类型的特征。一方面，在经济文化类型基础上构建学前教育民族文化课程体系可以全面体现当地特有的经济文化状况，推动经济文化的发展；另一方面，基于经济文化类型为背景构建民族文化课程，以幼儿园为载体进行推行，提高学前儿童对课程的认识理解，

---

❶ 林耀华. 民族学通论［M］. 北京：中央民族大学出版社，1997：88-96.

增强学前儿童对本民族文化的认同，进而能最大限度地发挥课程对幼儿的适切性。

2. 学前民族文化课程内容的选择还要考虑地方性知识

文化人类学家克利福德·格尔茨提出跨文化理解要从"文化持有者的内部眼界"出发，采用"深描"的方式，充分利用"地方性知识"对文化进行脉络化的理解阐释。其中地方性知识是指组织和表述地方性文化的一种知识体系，以追寻差异为目标。地方性知识一定是与当地知识掌握者密切关联的知识，是不可脱离谁（Who）、什么地点（Where）、具体情境（Context）的知识，而且地方性知识随着某一族群或社区的发展而不断创生，是动态变迁的过程。❶ 在民族地区学前教育阶段，地方课程和园本课程要符合当地经济文化发展的原则，地方性知识经受了历史长期的检验，适应当地自然环境和文化环境。当地人熟悉了解地方性知识，有较强的认同感和情感共鸣，在家庭、社会、幼儿园中都易于推广。因此将地方性知识作为民族地区课程内容开发的重要来源是可行的。

以作者所在的四川省为例，各民族和谐共处，历史悠久、文化丰富，其中以彝族、藏族、羌族人口居多。下面以这三个民族为例，结合地方性知识，总结出可以运用到幼儿园中的课程资源（见表2-1~表2-3）。

---

❶ 滕星. 教育人类学通论［M］. 北京：商务印书馆，2017：319.

表 2 - 1　彝族文化课程中的地方性知识一览

教学活动课程内容	衣食住行	彝族服装服饰，各种食物与营养（荞麦、玉米、土豆、圆根、荞麦饼、坨坨肉），建筑造型
	自然地理	自然景观，文化景观，地理位置，各种自然现象
	口头语言	《玛牧特依》，支格阿鲁，神话故事，歌谣
	音乐美术	彝族漆器，达体舞
游戏活动课程内容	游戏体育	民间游戏，烧草灰，打水漂，阿色色格
	节日庆典	彝族年，火把节
生活活动课程内容	衣食住行	特色服饰，装束打扮，日常饮食习惯，餐桌礼仪
	人际关系	尊老爱幼，礼貌称呼，行为习惯培养

表 2 - 2　藏族文化课程中的地方性知识一览

教学活动课程内容	衣食住行	藏族服装服饰，各种食物与营养（牛肉、羊肉、奶茶、糌粑、青稞），藏式建筑造型（碉房、寺院）
	自然地理	雪山，草原，动物（马、牦牛、羊）
	口头语言	简单的藏语口语表达，神话故事，儿歌
	音乐美术	藏族唐卡，酥油花，民歌，藏戏
游戏活动课程内容	游戏体育	锅庄，骑马
	节日庆典	藏族年，雪顿节，祈祷节
生活活动课程内容	衣食住行	藏族服装，配饰
	人际关系	见面礼仪，献哈达

表 2 - 3　羌族文化课程中的地方性知识一览

教学活动课程内容	衣食住行	羌族服饰，羌族刺绣，羌族碉楼
	自然地理	自然景观，文化景观
	口头语言	民间故事，余尼格布
	音乐美术	刺绣，剪纸，酒歌，年歌，萨朗舞，瓦尔俄足歌舞，铠甲舞，羌笛，口弦
游戏活动课程内容	游戏体育	推杆，抱蛋，扭棍子，丢窝，爬天杆，转转秋，神鞭
	节日庆典	羌族年，祭山会，基勒俄足节，瓦尔俄足节
生活活动课程内容	衣食住行	羌族传统服饰
	人际关系	礼仪，行为习惯

（三）学前教育民族文化课程内容的组织环节

　　课程专家泰勒认为："课程内容组织是将学习经验组织成单元、课程和教学计划的过程。"❶ 学前民族文化课程内容要考虑民族地区的经济文化类型和地方性知识，但并非所有的地方性知识都能作为适合的课程内容传递给学前儿童。只有能遵循儿童身心发展适宜性、适合社会发展需求的地方性知识才能成为学前民族文化课程内容的来源。因此从浩瀚的地方性知识到幼儿园课程内容，要经历一个"收集—整理—筛选—改变—尝试—推广"的过程。

　　首先，课程设计者发动各种渠道去收集民族文化资源，成立

---

　　❶ ［美］拉尔夫·W. 泰勒. 课程与教学的基本原理［M］. 罗康，等译. 北京：中国轻工业出版社，2008：73.

由地方教育局、幼儿园园长及教师、民族文化传承人等组成的小组，牵头对当地的民族文化资源进行分类。幼儿园教师在分类后的课程资源中进一步整理和筛选，剔除不适合学前儿童的内容，并且利用自己的教学经验，对剩余的课程加以综合分析，改编或创编成符合学前儿童认知规律的课程内容，充分体现课程内容的趣味性、民族性、生活性、丰富性。整理加工好的课程内容可在幼儿园内部展开初步尝试，根据教师教学实施过程，结合幼儿的反馈评价进行调整，及时调整和修改课程实施中出现的问题。初步尝试后的民族文化课程可进行局部推广，先在某一个学段试教，进而推广到幼儿园所有学段。各种类型的民族文化课程不是孤立生硬的，而要通过主题渗透的方式，将课程资源进行整合，形成系统完善的课程体系结构。对有代表性的、儿童和教师都喜爱的民族文化课程资源可在不同幼儿园之间进行交流，博采众长，相互推广。

四、学前民族文化课程实施

（一）课程实施的取向

课程实施是为了实现预期的教育目的和课程目标，将课程计划付诸具体教育实践的过程。课程实施把理想的课程计划转变为现实，探寻课程预期结果与现实结果的关系，进一步评价课程计划与教学实践之间的切合度，进而及时对课程计划做出调整，完善课程的整体编制。在课程具体实施的过程中，根据课程计划与课程实施过程的不同关系，有三种代表性的取向。每种取向对课程的定义、课程知识、教师角色、研究方法论等都有不同的看法。

1. 课程实施的忠实取向

课程实施的忠实取向是课程实施研究中最早的取向，并且占主流位置。该取向认为课程实施的过程就是忠实地执行课程计划的过程。课程实施过程对课程计划的实现程度高低是衡量课程实施质量好坏的标准。这种取向本质上受到工具理性支配，将课程实施看作从设定课程计划到课程投入实施的过程，强调课程计划制订者对课程实施者的控制。

2. 课程实施的相互适应取向

课程实施的相互适应取向认为课程实施的过程是课程计划与学校情境在课程目标、课程内容、课程方法、课程组织方式等多方面相互调整的过程。这种取向本质上受"实践理性"支配，课程计划者与课程执行者相互改变、相互适应，不断修改课程，课程变革的是具有复杂性的过程。

3. 课程实施的创生取向

课程实施的创生取向强调课程是教师与学生联合创造的教育经验，课程实施即在具体教育情境创生新的教育经验的过程，课程计划只是这个过程中的工具和手段。这种取向本质上受"解放理性"支配，突出课程参与者（教师和学生）的个性发展，师生共同创造适合其个性发展需要的积极的教育经验。

三种课程实施的取向站在不同的角度分析了课程实施的具体内涵，并对课程实施过程中的课程定义、课程知识、课程变革、教师角色和研究方法论等五个方面提出了不同的见解。但每种课程实施取向也有各自的局限性,从忠实取向到相互适应取向,再到创生取向,体现了课程实施变化的方向。

(二) 影响民族文化课程实施的因素

1. 当地政府教育行政部门重视程度

政府对具有特殊演进历史和传统文化的少数民族聚居区的制度性安排和民族政策以及对于少数民族社会的发展和文化的传承有着广泛、深刻的影响。❶ 国家和地方政府颁布有关保护民族文化、传承文化传统、发展少数民族地区各级各类教育发展的政策法规是影响民族文化课程实施的因素。政府行政部门可利用其行政合法性,合理调配各项行政资源,支持课程实施的应有取向,推动整个课程体系的编制、审定、实施、监督和评价等全过程。地方政府只有充分认识到在学前教育阶段推行民族文化课程的价值,将民族文化进校园与当地发展规范紧密地联系在一起,才能对民族文化课程的实施提供强有力的支撑。

2. 幼儿园课程管理与运行体制

幼儿园作为民族地区学前教育阶段的主要机构组织,直接影响到选择和编制什么样的课程资源,以什么样的方式进行推广和实施,幼儿园中的教师是否愿意参与课程决策、课程运作和课程评价等工作,因此地方教育行政部门还要重视幼儿园内部课程管理与运行体制,发挥其领导、组织、协调和支持作用。特别是在

---

❶ 何群. 环境与小民族生存 [M]. 北京:社会科学文献出版社,2006:433.

幼儿园中，园长应对教师进行有效引导，全园上下应营造出良好的工作氛围，充分尊重教师的自主权和参与权，调动教师的工作热情，大家围绕共同的目标齐心协力，主动地参与幼儿园民族文化课程的实施，推动课程的顺利实施。幼儿园园长和课程设计者要有正确科学的理念指引，随时监控课程实施进度，构建一个良好、有序的课程管理和运行体制。

3. 幼儿园教师的理念和能力

幼儿园教师是课程的实施者，在一定程度上决定着课程实施的效果。如果幼儿园教师缺乏正确的观念和课程实施的相应能力、策略、方法，则在课程实施的过程中将会忽视儿童的存在，难以做到忠实地实施课程，更无法实现有效适应调适和创生课程。影响幼儿园教师实施课程的因素是多方面的，主要包括教师理念和教师能力两部分。

一方面，教师理念作为教师的内在信念，直接影响教师对自身专业和职业的认识和看法，是教师在观念层面的基础，表现为教师如何看待儿童、如何看待幼儿教育、如何看待教师职业。因此幼儿教师应坚持多元文化教育理念，基于儿童的文化背景和生活世界，将幼儿看成不断发展的个体，考虑当地文化模式对课程的影响，成为幼儿经验增长的引导者和陪伴者。

另一方面，教师能力是将课程付诸行动的具体手段。按照2012年国家颁布的《幼儿园教师专业标准》的要求，教师能力涵盖了幼儿园教师应具备的专业理念与师德、专业知识和专业能力三个维度、十四个领域的标准，其中突出强调了幼儿园教师必备的教育教学实践能力，还提出要重视幼儿园教师的反思与自主专业发展能力。民族地区教师由于所处的文化情境与非民族地区不同，为了更好地推进民族文化课程实施，还应重视幼儿园教师的多元文化教育能力，即培养幼儿园教师的文化敏感度，使他们有目的、有机会的开展文化回应性教学。

班克斯曾指出多元文化教育教师的特质有：会去寻找关于不同种族、民族、文化，以及社会各阶层的教育知识，关于歧视与降低歧视的理论与研究，以及教学策略与技巧；会省思并澄清自己对文化遗产的认识，了解并经历它与其他种族文化群体的互动与关联性；会反省自己对其他种族、民族、文化，以及社会阶层的态度；拥有能力做有效的教学决策并降低歧视与族群之间的冲突；会策划出一个范围的教学策略和活动来促进各种族、族群、文化，以及社会阶层学生的学习成就。有学者基于我国教师标准和相关法规，立足于少数民族地区教师队伍和教师能力的实际，借鉴国际上对教师多元文化能力的要求，构建了一套"3—16—59"结构的多元文化能力下的教师能力标准，从态度与责任、知识与理解、技能与实践三个方面对教师能力提出了要求，具有一定的借鉴意义。❶

4. 家庭和社区的配合

根据教育生态学家布朗芬布伦纳提出的影响人类发展系统，微系统、中间系统、外系统和大系统彼此相互关联。我们也可以将学前儿童作为圆心，形成幼儿长时间停留的环境、与该环境的关联、社会结构、这些系统所在的广泛情境的同心圆结构。因此

---

❶ 王艳玲，苟顺明. 多元文化背景下的教师能力——以中国西南少数民族地区为例 [M]. 北京：人民出版社，2013：220-229.

民族文化课程的实施除了幼儿园环境外，还要考虑幼儿生活的家庭环境和社区环境。一方面，幼儿园与家庭合作共育，家长认识到民族文化课程的价值，在家庭成员的交流过程中有意识地为幼儿提供相关经验，加强教育内容和生活的联系，加深幼儿对课程内容的理解；另一方面，幼儿所在社区丰富的教育资源是民族文化课程的有力帮手，幼儿园与社区通力合作，意识到幼儿的文化需求，挖掘社区中适宜的教育资源，如博物馆、展览馆、文化传承工作室、大型仪式活动等。幼儿园、家庭、社区三者形成教育合力，共同推动民族文化课程的实施。

5. 民族文化课程本身的适切性

幼儿园课程是在一定的社会文化背景下产生的，幼儿园的教育活动和课程变革不能脱离社会文化而独立进行。学前民族文化课程作为一种地方课程和园本课程，如果远离了学前儿童的生活世界，忽视了学前儿童的文化背景，那么课程在实施过程中就难以建立在儿童已有的经验基础上，从而造成课程与生活的疏远。因此学前民族文化课程要体现本民族的优秀文化成果，符合该地区的发展规划。融传统文化与现代文化于一体，以开放、多元、包容、和谐理念为指导，课程体系要体现可操作性和可传播性。

（三）学前民族文化课程的具体实施途径

1. 融入幼儿园的环境创设

文化生态学家斯图尔特认为，环境与文化皆非既定的，而是互相界定的，环境在人类事物中的作用是积极的，而不仅是限制或选择，文化和环境是相互作用的。● 民族文化课程可以融入幼儿园环境创设中，呈现浓郁的民族文化氛围和文化特色，培养儿童对本民族文化的熟悉感和认同感。需要注意的是，幼儿园的环境创设不能只局限于物质环境，如园所建筑、区角、活动场所等，还要考虑文化环境，如幼儿园的仪式活动以及人际关系环境，如幼儿园中教师与儿童的关系、儿童之间的同伴关系等。在教室主题墙、走廊等可以展示本民族的文化，在活动区域内可以因地制宜地设置展现民族文化的区域。另外，在课程融入环境创设的过程中，还应该发挥幼儿的主体作用，鼓励幼儿参与环境创设，调动幼儿积极性，创设出幼儿喜欢的环境。

2. **整合幼儿园的教学活动、生活活动和游戏活动**

幼儿园活动根据活动形式不同，可分为教学活动、生活活动和游戏活动三种类型。生活活动涵盖了幼儿在园的衣、食、住、行等多个方面，满足幼儿的基本生活需要。一日生活也是课程，教师应把握幼儿一日生活的各个环节，把握合适的教育时机对幼儿进行民族文化渗透。

游戏活动是幼儿最主要的活动形式，游戏贯穿幼儿的一日活动之中，也是民族文化融入课程的重要的教育手段。教师应尊重幼儿的天性，营造游戏氛围，提供丰富的游戏材料，和幼儿一起设计各种角色游戏、表演游戏、体育游戏、结构游戏等，凸显幼儿游戏的自主性和创造性。

教学活动是幼儿园民族文化课程实施的主要手段之一，以集

● 唐纳德·L. 哈迪斯蒂. 生态人类学［M］. 郭凡，等译. 北京：文物出版社，2002：5.

体教学活动、小组活动、个别活动等形式实施课程内容，活动目标明确、内容清晰，教师与幼儿平等交流、共同创生，不断丰富幼儿的经验结构。❶ 教学活动在具体的实施过程中，主要是以下面两种课程模式展开。第一种是领域课程，围绕一个选择好的核心内容并将分支学科知识组织为一个新的课程整体，按照学前儿童需要掌握的内容分成几个领域，每个领域包含多个学科，如幼儿园课程中的"艺术"，就包括音乐和美术等学科的内容。领域课程并非学科知识的简单拼凑，而是在知识逻辑的基础上根据儿童心理发展的规律进行充分整合。好的课程各领域之间应是相互联系、相互渗透的。第二种是单元主题课程，单元主题课程作为综合课程已有很久的历史，早在20世纪20年代，我国著名学前教育学家陈鹤琴和他的学生张宗麟在南京鼓楼幼稚园最先实行。以"整个教学法"为指导思想，从儿童的经验和认知水平出发，以大自然和大社会为中心，选择主题，各科围绕一个中心单元开展活动。现在的单元主题活动是在一段时间内围绕一个中心内容即一个单元或一个主题来组织教育教学活动的课程，打破学科之间的界限，将儿童的学习内容围绕他们生活世界中的某一中心组织，这个中心既可以是问题，也可以是节日，还可以是自然事件或者社会事件。

3. 渗透幼儿的家庭和社区

学前儿童民族文化课程在实施过程中，除了注重保持民族文化的精髓之外，还要深入挖掘幼儿家庭和所在社区蕴含的丰富资

---

❶ 何静. 少数民族文化融入幼儿园课程的个案研究 [D]. 长春：东北师范大学，2016：111.

源，因此要整合幼儿园、家庭、社区等多方面资源，形成教育合力，促进民族文化课程的共生共融。一方面，幼儿园可以坚持"请进来、走出去"的原则，教师带领幼儿走进社区，感受民族文化氛围，了解民族文化丰富成果，同时邀请本民族文化相关领域的专家、学者、传承人、手艺人走进幼儿园，为幼儿展示民族文化的魅力。另一方面，教师可以充分调动家长资源，通过开展家长开放日活动和亲子活动，让家长深入了解幼儿在园生活以及民族文化课程的实施情况，鼓励家长和幼儿一起广泛收集本民族的民间游戏、民间故事、童谣、歌曲等，特别是从家中年长的祖辈那里进一步丰富拓展课程资源。

五、学前民族文化课程评价

（一）课程评价的含义和类型

1. 课程评价的含义

"评价"经常会与"价值""判断"等概念一起出现。课程评价是课程开发与设计的有机组成部分，指按照一定的方法对课程的计划、过程、结果等有关问题作出价值判断的过程。需要注意的是，课程评价的对象除了课程本身的计划、实施状况和结果之外，还包括学生的学习状况、课程的组织和课程的管理机构等方面。通过进行课程评价，首先可以对课程实施过程中存在的问题进行诊断，提出当前课程的优势与不足，为进一步修订完善提出建议；其次可以评价课程实施结果，并通过与课程预期目标进行对比，判断其目标达成程度；最后通过课程评价中所体现的教育价值观和理念，发挥教育的导向作用。

2. 课程评价的类型

根据不同的分类标准，课程评价可以分为不同的评价类型。

（1）诊断性评价、形成性评价和总结性评价。

根据评价的目的不同，可以把课程评价分为诊断性评价、形成性评价和总结性评价。诊断性评价是课程计划或教学活动开始之前，对学生的准备状态和需要进行的"事先"评价，旨在了解评价对象的基本情况，使课程安排更具有计划性和针对性。形成性评价是课程计划方案在实施过程中采用的评价，又叫作过程性评价，目的是收集课程实施过程中各个局部的优缺点的资料，为进一步完善修改课程提供依据。其突出特征是过程性和灵活性。总结性评价是在课程实施完成之后进行的"事后"评价，主要对课程整体实施效果收集资料作出判断，进而作为课程推广或不同课程之间比较的依据。

（2）效果评价与内在评价。

根据评价的对象不同，可以把课程评价分为效果评价和内在评价。效果评价是对整个课程产生的实际效用进行评价，强调课程实施前和课程实施后教师和学生产生的变化。效果评价又被称为"暗箱式评价"，即关注课程开始前和课程结束后的不同，对课程运作的具体过程和产生变化的原因没有太多关注。内在评价则是对课程本身的评价，课程产生的效果不在评价范围之内，关注课程实施的过程以及过程中产生的问题。

（3）自我评价与他人评价。

根据评价主体的不同，课程评价可以分为自我评价和他人评价。自我评价是评价者对自己进行的评价，评价对象与评价主体是同一人。由于自我评价缺少外界参照物，因此相比而言评价的主观性较强，评价结果准确性不高。他人评价则是除自身以外的任何人对评价对象展开的评价，评价的客观性较强，评价结果和结论也比较令人信服。

（4）量化评价与质性评价。

根据评价中采用的方法不同，课程评价又可分为量化评价和质性评价。量化评价将教育现象简化为数量，通过对数量的分析和比较来推断评价对象的效果。一般用数字的形式来表示评价结果，常见的量化评价方式有测验、考试等。质性评价则是通过全面的调查和描述评价对象的各种特质，尽可能真实地反映教育现象，以非数字化的形式来呈现评价结果。常见的质性评价方式有档案袋评价、评阅、行为记录观察、观察日记、苏格拉底式研讨等。

（二）课程评价的过程

人们对课程的认识不同，折射出不同的价值取向，进而对课程评价的具体过程也存在不同的看法。但从整体上看，课程评价大致可以按照以下五个阶段进行。

1. 确定课程评价的目的

在进行课程评价之前，课程评价人员要明确评价的目的究竟是什么，并根据评价目的制订出课程评价的详细方案。评价方案要包括课程评价目的、评价对象、评价指标体系、评价方法、评价工具说明、评价过程的组织实施具体安排、附录（评价中需要用到的量表、问卷、调查表等）。

2. 收集相关信息

根据课程评价方案，课程评价人员开始对所需要的信息进行收集。在收集信息的过程中，遵守规则要求，针对不同的评价对象，采用相应的收集方法和手段获得相关信息。

3. 组织材料

课程评价人员将收集到的信息分类，进行编码、组织、储存和提取，将与本次课程评价无关的信息剔除掉。

4. 整理分析材料

对于与课程评价相关的信息，课程评价人员需要进一步进行整理分析。例如，将录音文件转化为文字信息，进行编码赋值处理。整理后的信息还需要对整个数据资料进行核查，查看是否存在数据缺失、数据处理失误、计分错误等问题并进行修正，最后采用相应的方式，对所有数据进行统计分析，形成评价结论。

5. 汇报课程评价的结果

统计整理好课程评价结果之后，初步形成评价结论。课程评价人员将整个课程评价的基本情况撰写成评价报告，以书面的形式呈现。评价结果可与幼儿园商定后公开发表或向相关部门提交报告，反馈给相应部门，促进课程质量提升。

（三）学前民族文化课程评价的内容及方法

根据前文的分析可以知道，学前民族文化课程评价是在自然的环境下，通过儿童与教师以及其他课程参与人员的相互对话，对课程进行价值判断，从而对课程加以完善的过程。课程评价应该着眼于为学前儿童的成长服务，旨在促进课程不断进步。

1. 学前民族文化课程评价的内容

对课程的评价不能简单局限于课程目标、课程内容和课程结果上面，民族文化课程的评价具有评价主体多元化和评价方法多样性等特征，因此必须结合课程所处的情境进行综合评价。民族文化课程评价的内容应包括课程参与人员、课程本身等方面的评价。

一方面，课程参与人员的评价主要是指对幼儿、幼儿教师、家长、社区和专家等的评价。重点关注幼儿在民族文化课程实施过程中认知、技能、情感的发展，幼儿对民族文化课程的适应状况，幼儿对教师发起的各项活动的适应，幼儿使用民族文化课程材料和资源的情况等。对幼儿教师的评价可以关注教师对民族文化课程的认识情况、教师在各种活动中与幼儿的互动情况、教师挖掘和利用民族文化课程资源的情况等。对课程其他参与人员可以关注对民族文化课程的了解情况、参与程度以及满意程度等。

另一方面，对课程本身的评价主要是对民族文化课程标准、课程内容、课程实施和课程活动的评价。课程评价者主要关注课程目标的实现程度，与课程预期目标的差距，课程内容的组织和选择适宜性，课程实施的策略和方法的恰当性，课程的价值和效果的满意度等。

2. 学前民族文化课程评价的方法

（1）针对课程参与人员的评价方法。

① 对幼儿的评价。第一，可以采用观察法。采用观察的手

段对民族文化课程开展之前、开展过程中、结束之后幼儿的实际表现进行资料收集，观察幼儿参与的态度以及在课程实施过程中情绪的反应。第二，可采用访谈法。幼儿教师和课程其他参与人员与幼儿进行谈话，收集谈话信息。了解幼儿对本民族文化的知晓程度，对课程的看法等。第三，可以采用作品分析法。对幼儿完成的绘画、手工、装饰、泥塑、编制等作品进行分析和评价，体现了幼儿对民族文化的情感和文化态度。第四，可以采用档案袋评价法。档案袋评价法又叫作成长记录袋评价法，指教师通过有目的、有计划地收集与组织与幼儿成长发展有关的材料，通过分析，评价幼儿的各项品质以推测幼儿发展进步的情况。材料可以是一幅画、编的一个故事、做的一件事情、一张情绪记录卡等。档案袋评价是一种动态性、整体性、开放性、多元性和创造性的评价，可以适用于不同的评价阶段。[1]

②对幼儿教师的评价。第一，可以采用观察法。观察民族文化课程实施过程中教师的行为表现，记录教师的言语、行为与幼儿互动的情况。第二，可以采用访谈法。课程评价人员可以面对面地交谈并获得相关信息，了解教师对民族文化课程的看法和意见，根据不同类型的问题可采用结构式访谈、半结构式访谈和开放式访谈。第三，可以采用档案袋评价法。主要是幼儿园管理人员或教师自己收集整理教师发展情况的相关资料，包括民族文化课程实施过程中的教案、图片、视频、活动反思日记等，记录幼儿教师的成长历程。

---

[1]　赵海燕. 学前教育民俗文化课程研究［D］. 重庆：西南大学，2012：255.

③ 对课程其他参与人员的评价。

对民族文化课程参与的其他人员，可以采用访谈法、观察法等方法。通过访谈家长、社区人士、民族文化专家、民族文化传承人等，了解他们对学前民族文化课程实施的参与程度、课程效果满意程度。

（2）针对课程本身的评价方法。

① 对课程具体实施的评价。

幼儿园管理者可邀请幼儿教师、民族文化专家、教育专家等对民族文化课程活动进行现场观摩，了解课程目标的设置是否恰当以及达成情况，掌握课程实施过程中课程内容的适宜性，诊断课程实施策略方式的合适性，各类人员的参与程度等。在现场观摩之后，执教教师与在座同行、专家一起进行集体研讨，针对活动中出现的问题进行反思，为活动提出有价值的参考意见，进而完善课程内容，提升课程实施效果。

② 对课程整体效果的评价。

对民族文化课程的整体价值和效果进行评价，可编制问卷，围绕课程的目标、实施状况、适宜程度、满意度等方面进行问卷调查，以了解课程实施的整体效果，为下一步课程修订和推广提供支撑性材料。

第三章　游戏与学前民族文化课程

一、关于游戏的概述

（一）游戏的界定

从游戏活动发生与延续来看，游戏历史甚至长于人类历史，我们常常能轻易观察、识别出动物当中的游戏行为，那种假装的、嬉戏的、表现出趣味和玩味的活动。例如，动物间的追逐、打闹，从行为上看起来像是在攻击对方，实际在过程中无形释放游戏信号，在情感、心理上显现出乐趣与亲昵。汉乐府《江南》中描绘道："江南可采莲，莲叶何田田。鱼戏莲叶间。鱼戏莲叶东，鱼戏莲叶西，鱼戏莲叶南，鱼戏莲叶北。"随着人类的诞生，游戏进入人类社会，人类群体繁衍，社会、文化发展，不断丰富游戏的内涵与历史。

从词义分析，游戏在古汉语中"游""嬉""戏""遨"等词与之相对应。"游""遨"有游玩、行走的意味。"嬉""戏"

指向令人开心与娱乐，古语也有"业精于勤荒于嬉"的说法。❶
可以看出，"游""嬉""戏"指向闲暇、娱乐，与劳动、工作相
对。同时，也指向一种动态的行为活动或是心理状态，而非静
态的。

英文中与"游戏"主要相对应的词是"play"，指向游戏的行
为、活动。在《牛津高阶英汉双解词典（第 7 版）》中"play"作
为动词，意为"to do things for pleasure；to enjoy yourself rather
than work"，也有"把戏"之意（"to trick sb. for fun"）。同时，
"play"在英文中还与音乐、扮演、光、微笑等词相关。❷除此之
外，"game""fun""flow"与"play"共同构成对游戏的完整、
多重解读。"game"主要指向有明确规则的游戏，例如，"石头
剪刀布""跳房子""下棋"，并延伸出竞争与合作的游戏关系。
"fun"主要指向游戏中的乐趣、享乐、愉悦、快乐。"flow"意
味着流畅感，是在游戏中感受到的畅快淋漓的综合感受，指向游
戏性体验，不仅限于愉悦感、快乐感，还有生理快感、成就感、
胜任感、幽默感等积极体验。

文化人类学将游戏置于文化生态背景中去认识，认为游戏比
人类文化更古老。人类语言、宗教仪式、神话、法律、竞争这些
人类文化均展现着游戏特征。

哲学领域对游戏的理性与非理性、游戏与工作关系进行讨
论，探寻游戏对人理性与精神的价值与作用。而后，哲学也开始
注意游戏的美学价值，探讨自由游戏与人的关系。

---

❶ 刘焱. 幼儿园游戏与指导［M］. 北京：高等教育出版社，2012：5.
❷ 牛津高阶英汉双解词典［M］. 7 版. 北京：商务印书馆，2009：1515.

心理学从人体身心调节机制来认识游戏，例如，精神分析学派的游戏观点将游戏作为本我与超我矛盾的中介调节机制。

教育学基于心理学与行为科学的成果，重视游戏对人的发展价值。尝试找寻游戏和人发展与学习的融合契机。进入幼儿园这个教育情境后，游戏的"无为"与教育的"有为"之间的矛盾与冲突带来了一系列问题，并形成教育领域的特殊问题域。

由于自身的多面特性与复杂性，导致无法对"游戏"形成一种符合操作主义原则的精确定义。加之，学者们从人类学、民俗学、哲学、美学、心理学、教育学等多维度视野对"游戏"的阐释构成了"游戏"内涵的多样性，加大了对"游戏"定义的困难，难以形成统一认识。最后，研究者们形成共识，通过列举游戏特征以及分析游戏核心要素来尝试将游戏与非游戏活动区别开来。

（二）游戏的本质特征

判定一种活动是否称为游戏并不完全基于客观标准，它与人的主观体验与状态十分相关。例如，对于一些儿童来说，绘画就是一种游戏，因为"绘画就是拿一支笔在纸上画着玩"。而另一些儿童却认为绘画不是游戏。因此，游戏活动与非游戏活动始终处于一个连续变量体。游戏无法被界定为唯一、精确、特定的活动，但目前学界对游戏本质特征形成了较为统一的认识。

1. 游戏是自我卷入的活动

游戏是自我卷入的活动意味着游戏受内部动机驱使，完全出于自愿、自主。游戏活动必须依赖主体，若没有主体，游戏活动便无法展开。游戏由主体一方自发、自主地进行,其他主体在这一过程中,受到游戏信号吸引,又自我卷入活动之中,结成游戏同伴。

在学前教育实践中,存在关于"教师组织的游戏是真游戏吗?"的争论。有的研究者认为,教师组织的教学游戏不算是真正的游戏,只能算教学游戏化,是一种带有游戏性质的活动,其本质仍是教学。但实际上,对于学前儿童来说,教师组织的一些教学游戏的确能带来极大的游戏性体验,学前儿童自主、自愿、自我卷入其中。事后,作者问:"刚刚老师组织的是游戏吗?"学前儿童答:"是呀,是造房子的游戏。"教师实际的目的其实是通过"造房子"让儿童感知三角形的各类变形,是有目标的教学活动。教学目标已经完全隐蔽于游戏之中,儿童享受、高度卷入游戏之中,而教学目标也自然达成。这是游戏与教学高度融合的典型案例。此外,也存在这样的现象,明明教师引发的是一个所谓的真游戏,如"跳房子",但由于教师过去强调动作规范,导致游戏异化,学前儿童小声嘀咕:"我们什么时候才可以玩游戏啊?"可以看出,游戏由儿童引发或是教师引发并不是判断"活动是否是游戏"的决定性特征,二者都可能引发真正的游戏,而儿童是否自我卷入游戏却十分重要。

2. 游戏是非功利性、以游戏本身为目的的活动

关于游戏是否有目的,研究者们经过讨论基本达成共识:游戏无功利的、外在的目的,而是以游戏本身作为游戏的目的。一方面,游戏并不由于其他功利性目的引发,例如,玩游戏并不是为了得到赞赏与奖励,也不是为了生产劳动的回报。因此,游戏与劳动、工作、学习往往相对。另一方面，游戏并非完全无目的，而是具有以自身为载体的内在目的。游戏就是为了"好玩"。曾经作者访谈学前儿童："什么是游戏?"学前儿童回答："游戏就是玩啊! 玩就是游戏啊! 这个你都不知道吗?"这充分体现了游戏的内在目的与非功利性。

3. 虚构性与内部真实性

游戏是假装的，与真实的生活、与世界相对。幻想、虚构性让人们很容易识别出正在进行的游戏活动。例如，学前儿童扮演警察、护士、售货员等角色，儿童相互在地上假装打闹并伴随兴奋、愉悦的声音。游戏一开始，就会显露出一种"游戏信号"，仿佛告诉游戏同伴和旁观者：这不是真的，我们假装在玩儿呢。因此，在游戏中充斥着儿童大量、丰富的想象与创造力。

需要说明的是，虚构性不代表学前儿童活动的随意性与敷衍。相反，他们极其认真，在游戏世界高度投入。比如，学前儿童在扮演各种游戏角色时，严格遵守角色自身的行为规则及故事情节。在游戏中，学前儿童非常认真、严肃地对待。因此，游戏的虚构性也同时具有内部真实性，虽然是虚构、假想的活动，但在内部心理状态上也是严肃的。因此，游戏的投入状态不一定全程都是热闹、活跃的，也有静谧、严肃的游戏状态。同样，过于喧闹、眼花缭乱反而有可能说明儿童并不处于高度投入游戏的状态，过多刺激可能导致儿童投入度与注意力的分散。

4. 规则性

游戏是具有规则的，包括外显的游戏规则与内隐的游戏规则。外显的规则一般存在于规则游戏中，如下棋、跳房子。在游戏开始之前，会有明确的游戏规则，否则游戏将无法持续进行。除了规则游戏的外显规则之外，很多游戏看似没有明确的规则，实则具有内隐性规则。角色游戏中角色本身具有的行为、语言特点会约束学前儿童的游戏行为。表演游戏中的行为、人物关系、语言会随着游戏主题的推动而推动。

5. 游戏性体验

游戏性体验是幼儿在游戏中产生的积极的主观感受与内部体验，人们常常用正面、积极的词汇来形容自身在游戏过程中的感受，有研究者将其称为"流畅感"（flow），包括驱力快感、兴趣性体验、成就感、自主性体验与幽默感。[1]

驱力快感是游戏时由生理带来的畅快感，例如，丢沙包、追逐游戏会让人感觉酣畅淋漓，身体舒展而感到愉悦。游戏性体验是游戏最本质的特征。

兴趣性体验是在游戏中感受到的吸引力，让自我全身心投入，喜欢游戏、愿意游戏、享受游戏。

成就感是指学前儿童在游戏中能认同自己的能力。游戏没有功利性目的，游戏本身就是目的，游戏受规则引导，没有绝对的好坏。不会有儿童在积木倒塌那一刻怀疑自己的搭建能力，也不会有儿童在玩球时因为没有把球成功丢进篮筐而沮丧。相反，他们会在积木终于重新搭好后欢呼雀跃，会在无数次尝试后成功投篮而兴奋。在此过程中，学前儿童感受到的是成就感和胜任感。

---

[1] 刘焱. 幼儿园游戏教学论［M］. 北京：中国社会出版社，1999：78.

　　自主性体验是指在游戏中学前儿童拥有绝对话语权，我想怎么玩就怎么玩、想什么时候玩就什么时候玩、想跟谁玩就跟谁玩。充分拥有自主性体验，而不会被成人权利压迫带来挫败感。

　　幽默感是在游戏中，儿童会轻易体验、感受到来自同伴的默契而引发愉悦。一个鬼脸、一个行为、一个造型、一句话都会引发同伴和自己的开怀大笑。

　　综上，游戏具有五个本质特征。其中，区别于非游戏活动的核心在于人在活动中是否产生游戏性体验，这是一种在游戏中产生的积极的心理体验与内部状态。学前儿童游戏可以界定为由学前儿童内部发起与控制，遵循一定玩法与规则，反映内部真实并伴有愉悦情绪的一类活动，并将游戏性体验作为儿童参与游戏或退出游戏的判断标准。

二、多重视角下的游戏价值解读

（一）文化视野下的游戏解读

　　文化视野下的游戏解读并不局限于儿童游戏价值的探讨，而是置于整个人类，拓展了游戏的时间与空间位置。纵观人类文明历史，游戏并非一开始就属于教育领域，其发展的历史与人类文化发展历史相依，是广泛的人类文化现象。荷兰语言学家、历史学家约翰·赫伊津哈认为人类文明是在游戏中作为游戏兴起并展开的，探明文化的游戏性本质。因此，游戏被作为文化现象而非

生物学现象去考察、理解。❶

　　赫伊津哈并非将游戏当作人类文化现象的其中之一，而是去论证人类文化本身具有多少游戏特征，以证明文化的游戏性，进而分析人的本质仅停留在"理性的人"远远不够，"游戏的人"是其最终试图论证的观点。从文化、人的本质视角给予游戏极其重要的地位。游戏若仅停留在动物、儿童期的层面，其对人类的重要意义并未完整展现。赫伊津哈依次分析了语言、人类竞赛、法律、战争、学识、诗歌、哲学、艺术以上人类文化中的游戏特征，并进一步阐明游戏状况下的西方文明与当代文明的游戏成分。"作为文化尤为重要的游戏成分，自十八世纪全盛以来，一直处于衰落之中。今日之文明不再游戏，即使它看似游戏，也是虚假的游戏——我几乎要说，它在玩假（plays false）。"❷赫伊津哈提出对当代文化游戏性异化的忧虑，随着文化中真正的游戏精神丧失，文明中真理、正义、信仰、道德良知也会日渐衰落。

（二）发展视野下的游戏解读

　　发展视野下的游戏价值主要基于生物进化论的基础考查游戏对学前儿童的发展价值。游戏能促进学前儿童全面发展，成长成完整的人。需要说明的是，游戏带给学前儿童的是丰富的、自然的发展契机，而非刻意的、功利性的。

---

❶ ［荷］约翰·赫伊津哈. 游戏的人［M］. 杭州：中国美术学院出版社，1996：2.

❷ ［荷］约翰·赫伊津哈. 游戏的人［M］. 杭州：中国美术学院出版社，1996：230.

1. 促进学前儿童身体发展

游戏具有身体发展价值。游戏对儿童的粗大动作、精心动作、机体的耐受力、力量等身体指标均有很好地促进功能。游戏活动，特别是户外游戏、运动性游戏、民间游戏中，儿童需要广阔的户外空间，有利于全身精力的宣泄。通过跑、跳、蹲、躲、笑等，学前儿童身体得到舒展、力量释放，并伴随愉悦情绪与游戏带来的生理快感，对身体发展具有积极影响。另外，户外环境让儿童与广阔的空间、阳光、自然融于一体，而非长期困于室内，与天地一体，有利于身心和谐和积极精神的滋养。

2. 促进学前儿童语言发展

语言本身就具有游戏特征，可以看作"词""语""音""义"的游戏。与人交谈、体会其义时，能给自身带来舒畅感。学前儿童也经常通过"学舌""发出怪音""假装说外语或外星语"来获得语言游戏的乐趣，同时，在此过程中也感受着人类语言的魅力，潜移默化地获得语言发展。在更明显的游戏现象中，很多民间游戏，例如，跳"编花篮"、跳皮筋、拍手游戏、手指游戏中往往伴有有趣的童谣，引发儿童对语言的兴趣与学习，促进语言发展。

3. 促进学前儿童社会性发展

游戏特征中"规则性"一条帮助学前儿童在游戏中自然而然地获得社会化的机会。如何获得游戏同伴的认可、如何成功加入游戏、如何在游戏中处理自身与他人的冲突、如何在游戏规则中保持游戏的顺利进行、如何看待游戏中的"赢"与"输"。在游戏场域中，学前儿童每时每刻面对着各类社会性发展的议题，并发挥自己的能力，在享受游戏的同时，获得社会性发展。

4. 促进学前儿童思维发展

学前阶段的儿童思维富有原始思维与哲学思维的特点，和成人的理性思维与逻辑思维不同。但并不能认为成人的理性思维是成熟的、高级的，儿童的原始思维、哲学思维是幼稚的、错误的。儿童的思维体现出自身与周围世界、自然的统一、整合，万物有灵。这也使得学前儿童的思维发展高度依赖感知觉体验，在游戏活动中富有大量感知体验的机会。在游戏中，学前儿童获得抽象思维、逻辑思维的发展。通过操作游戏材料获得对形状组合与变化、物体命名与归类等思维。

通过游戏，学前儿童在感知体验中也获得最初的哲学思维。儿童进行哲学趣味地对话、想象。有一次，一名 4 岁幼儿自由在纸上画画。前面提到，画画活动对于学前儿童来说可以是"用笔在纸上画着玩儿"的游戏。他拿了一支黑笔在纸上画出一个不规则的椭圆形状说："这是恐惧。"又拿出很多支五颜六色的笔把"恐惧"围住说："这是喜悦，喜悦把恐惧包围了。"然后他又拿彩色笔在"恐惧"形状里点了很多五彩的小圆点，一边点一边说："喜悦把恐惧变成五颜六色的了，它现在变成了喜悦。"这是一段富有哲学意味的思考，幼儿在游戏的过程中萌发、阐明自身对于情绪、情绪变化的认识，也反映出对自我与世界关系的思考。在分析学前儿童思维时，常常提到万物有灵论，他们常常把世界一切看作有生命的，显现出儿童从自己生命出发对世界的共情。

5. 促进学前儿童想象力与创造力发展

游戏是幻想的、虚构的，与真实的现实相对。在游戏的场域里，学前儿童尽情地运用想象建构自己游戏的精神世界。因而，学前儿童想象力与创造力得到天然的滋养。成人由于现实经验的积累，在实践活动时惯性地使用自己的经验、惯习行动，从而产生思维定式与固化。而儿童游戏假想的价值正是打破思维定式。精神分析学派创始人弗洛伊德分析游戏时，认为游戏起到心理调节作用。儿童在现实中无法满足自身的所有愿望，受到挫折，为了平衡心理状态，游戏作为中间机制，通过假想、想象，满足儿童在现实中不能满足的愿望。因此，"以物代物""以人代人"作为游戏的基本技巧与结构为学前儿童想象力与创造力发展提供支持。例如，一张普通的书桌，在成人世界可能仅仅用于读书写字，但在儿童的想象世界里，它可能是床、是蹦床、是帐篷、是船，是儿童游戏世界中任何他需要的东西。在游戏世界中，大大打破了桌子的原有功能。同时，儿童在想象中获得极大的满足与愉悦，积极情绪会进一步刺激、支持儿童更多的创造力与想象力，形成良性循环。

（三）教育视野下的游戏解读

1. 防止学前教育小学化倾向，提升教育质量

游戏在学前教育领域的提出，最紧迫、现实的意义首先是解决学前教育小学化倾向问题，提升教育质量。以教师为中心、教师讲、儿童听的"上课"教学方式是传统教师的典型形象：三尺讲台、知识权威。随着人类社会文明的进一步发展，人们对主观世界与客观世界关系的讨论深入、知识爆棚时代的来临、工业社会对物质的高度强调带来的功利性、竞争性反作用等，也给教

育带来负面影响。"知识灌输""教师权威"下的课堂缺乏生命活力,考试高压下学生个性、人格发展带来危机。这种功利、竞争更下压至学前教育,"小学化"倾向使得学前教育异化,学前儿童被工具化、功利化。教育实践、改革、研究需要重新对人、人的精神进行反思。

游戏在人类文化、儿童发展价值的地位渐渐彰显。教育作为人类文化传承的重要过程,同时指向人的个性化、社会化的发展。游戏正是解决学前教育"小学化"问题的关键。不同于古代"业精于勤荒于嬉"的游戏观,在现代社会游戏被认定为儿童应有的权利。游戏是儿童的基本活动:儿童最喜欢、最投入、每天进行时间最长的活动。《儿童权利公约》也明确了儿童拥有游戏与闲暇的权利。游戏对于学前儿童学习、学前儿童教育的适宜性也在教育实践与研究中被证明。基于对游戏、学习、教育三者关系的探讨,研究者们阐释寓教育于游戏的必要性与可能性,游戏能为学前儿童学习提供多种多样的机会。游戏也帮助学前教师反思自身教育观念,更新儿童观、学习观、教学观:从围绕知识的学习转向强调幼儿学习兴趣的养成;从幼儿学习依附教师的认识转向强调幼儿在游戏中自主学习;从将游戏作为教学辅助手段转向将游戏看作幼儿学习的主要方式,进而改变教育行为与策略,真正从内核提升学前教育质量。

2. 学前教育课程与教学的特色彰显

除了保教结合特点外,游戏是学前教育在课程与教学区别于其他学校教育阶段最重要也是最突出的特点。游戏在幼儿园课程中具有多重功能与意义。首先,在幼儿园课程结构中,生活活动、教学活动、游戏活动共同组成课程。其次，游戏与课程相互生成，游戏活动中生成新的课程主题，同时课程中的相关内容也在儿童游戏中再现、延伸。最后，游戏精神贯穿幼儿园课程中，对儿童主体性、自主性的关怀，体现了游戏与学前教育课程的相互融合。教学作为实施的课程，也通过教学游戏化，游戏与教学融合，使游戏精神贯穿教学活动中。随着现代幼教改革的深化与人们对游戏本质、儿童精神的深入理解，游戏成为学前教育课程建构和教学设计与实施的重要支点，游戏与幼儿园课程、教学融合，彰显学前教育课程与教学的特色与教育理念，保障儿童利益最大化。

　　毛曙阳提出："当教育为实现其目的而自觉为儿童提供游戏环境、游戏材料等发生游戏的外部条件，并引导儿童进入游戏状态时，游戏虽然未被儿童自觉，但却被教育者所自觉，并寄寓教育目的，发挥教育功能。因此，游戏和教育融汇为一种活动、一个过程。"[1]彭海蕾[2]分析："只有游戏把教育目标内化为儿童活动内在目标，它才是适宜的教育手段。"这体现了游戏手段性价值与本体性价值的内在统一的重要性。游戏与学前教育课程、教学的融合将儿童活动的无意性与教育教学有意性合为同一过程，这是融合的理想状态。

　　更进一步，游戏作为学前教育的特色，并非只是教育实践、行为层面的改革，最终走向学前儿童教育本体意义的追求，凸显

---

　　[1]　毛曙阳. 关于幼儿游戏本质及其对幼儿的发展价值的思考 [J]. 学前教育研究，1999（3）.

　　[2]　彭海蕾. 关于幼儿园游戏教学问题的思考 [J]. 兰州学刊，2001（4）.

游戏精神。游戏在教育领域需要突破工具性的价值倾向，不能仅仅将游戏看作一种具体的教育方式与组织形式。李敏从中国传统文化语境出发，将游戏式教育提升到教育范式的高度，并对游戏式教育内涵进行阐释，认为游戏式教育不是某种具体教育方式的运用，而应从方法论意义上追求成为一种教育范式，实质是游戏精神与游戏形式在教育领域中的贯串与渗透。❶因此，游戏视角下的学前教育，是尊重儿童文化，将游戏看作儿童的生存状态与生命意义，从而激发学前儿童学习动机，引发学习契机，让课程与教学彰显游戏精神与儿童精神。

3. 学前儿童学习品质养成

幼儿在游戏过程中呈现的积极状态、专注与自主正是学习品质的良好萌芽。鄢超云基于对美国早期儿童学习与发展标准相关文件分析的基础上，对学习品质的具体内容作了解释，即学习品质包括好奇心与兴趣、主动性、坚持与注意、创造与发明、反思与理解。❷而这些具体内容都与幼儿在游戏中的状态与游戏性体验，如自主、投入、内部动机、愉悦性、成就感等有着共通之处。学前教育不仅强调幼儿通过游戏来自主学习，并将此提升到一种教育意图，即在游戏中培养幼儿的学习品质。教育者们认为游戏是幼儿发展学习品质的重要方式。学习品质是学前教育领域的研究热点，有研究者将其视为儿童学习与发展的重要领域。儿

---

❶ 李敏. 灌输式教育：一种"社会"隐喻——兼谈游戏式教育的构想 [J]. 教育学报, 2007 (8).

❷ 鄢超云. 学习品质：美国儿童入学准备的一个新领域 [J]. 学前教育研究, 2009 (4).

童在游戏中自发的高度专注与投入，正是激发了内部学习动机与积极心理状态。

蒙台梭利曾描述学前儿童在儿童之家"工作"时的投入状态，儿童具有吸收性心智，像一块海绵一样吸收着他与外界互动，感知到的各种信息。而蒙台梭利所谓的儿童基于蒙台梭利教具进行的工作具有游戏的特性。在游戏中，学前儿童天然形成对周围世界的求知欲、积极探索、尝试、解决、受挫、再尝试、再解决直至成功，整个过程正是学习品质养成的天然契机，包括求知欲、学习的积极感受、学习兴趣、注意力、抗挫能力。这些都会为学前儿童未来学习与发展作好铺垫，而非起到反向作用。相反，在学前教育阶段，若成人将游戏与学习对立，排斥游戏，不仅未尊重学前儿童的合法权益，同时还会使儿童从一开始就对学习产生抵触情绪，不利于后续教育与学习，起到相反的效果。相比于知识数量的掌握，对知识始终抱有积极探索的欲望、对学习保持积极心理状态是儿童、甚至是人终身发展的关键。学习的意义是广泛的，并不仅仅停留在书本、课堂之内，要引导儿童在广阔的事物、世界中去找寻。对于学前儿童，游戏中蕴含着丰富的学习契机，在游戏中启动游戏积极体验，萌芽正向学习品质。

三、游戏是民族学前教育课程质量的核心

（一）游戏是回应学前教育扶贫从数量增长转向质量提升的关键

学前教育在国家反贫困战略中的地位被明确，显示出国家对

民族贫困地区学前教育与儿童发展的决心。随着"一村一幼"工程推进，随之而来的是教育扶贫过程中学前教育质量与效益问题。要从根本上改变落后状态，不能光注重数量，更重要的是要追求质量。通过文献检索，当前研究更多从政策分析、中观层面揭示影响民族贫困地区学前教育质量的因素，包括资金、教师配置、管理权限等。但是，在诸多外部系统支持尚未完善前，民族地区，特别是贫困地区学前教育"小学化"教育模式严重，单向追求学业成就，导致幼儿认知发展、社会性发展滞后等质量内涵问题也亟待解决。缩小民族贫困地区学前教育质量差距，需要改变"头痛医头""脚痛医脚"定势，着眼教育扶贫根本目的与学前教育本质来探寻解决路径。研究指出从可行能力理论出发，探索学前教育扶贫实践路径，澄清扶贫、减贫的最终目的是改善人的生活，使人获得享有其有理由珍视的生活能力。● 这与学前教育本质追求儿童游戏精神，需回归儿童生活不谋而合，也为民族地区学前教育扶贫路径提供了关键视角"游戏"。

游戏在国际、国内的幼教课程改革与研究中被证明是学前教育质量的核心，是大势所趋，民族地区学前教育质量提升必须依赖游戏，不能脱离而另辟蹊径。《幼儿园教育指导纲要（试行）》指出"游戏是幼儿的基本活动"，"幼儿园以游戏为基本活动"表明学前教育不同于其他基础教育阶段，其质量核心为"游戏"。若学前教育扶贫不回应"游戏"，借用小学模式、单项追求学业成就，不仅无法真正提升学前教育质量，还会拉大学前教

● 杨晨晨，刘云艳. 可行能力理论视域下早期儿童教育扶贫实践路径建构[J]. 内蒙古社会科学（汉文版），2017（11）.

育差距。小学化的方式表面上缩小了分数的差距，实际上，从学习品质上看，越来越拉大民族地区学前儿童与其他地区儿童的学习差距。因此，游戏是学前教育质量的核心，是回应学前教育扶贫从数量增长到对质量诉求的必经之路。

（二）保障民族地区学前儿童的童年权利

20 世纪儿童立场的儿童观的形成与确立，革新了人们对现实中儿童处境的关注与重视。让儿童在社会制度、法律领域的地位得到保障，儿童权利、儿童福利被关注，强调成人对儿童权利的尊重与保护。1989 年联合国大会通过《儿童权利公约》并于 1990 年正式生效，成为具有国际性效应的世界公约，明确了各国儿童应当享有的各项基本权利。其中强调儿童的生命权、生存与发展权、自由发表言论的权利、隐私权、受教育权等。该公约强调"儿童应有时间休息和游戏""儿童有受教育的权利，学校执行纪律的方式应符合儿童的人格尊严，教育应本着谅解、和平和宽容的精神培育儿童""宗教、语言等方面属于少数人或原为土著居民的儿童享有自己的文化、信奉自己的宗教，或使用自己语言的权利"以及对儿童利益最大化的关注。

在我国幼教改革新进程中，学前教育"小学化"现象普遍缓解，但民族地区学前教育"小学化"现象仍然相对凸显，特别是在贫困地区。游戏在学前教育领域中的价值以及民族地区学前儿童的游戏权利未得到充分保障。由于游戏资源挖掘不足、学前教育师资专业度低、幼儿园环境附属小学特色等条件问题，游戏在民族地区学前教育中未受到足够重视。加之，优质教育资源的缺乏与竞争，超前学习、作业训练常常被用于学前教育以期缩小考试差距。

民族地区学前儿童作为世界儿童的一员，有权利享有自身的童年权利。不能为了提升未来的竞争力，以忽视学前儿童当下生活体验为代价。民族地区学前儿童有权利享有游戏、闲暇的权利。此外，游戏是学前教育质量的核心，关系着学前儿童的内在发展潜力、学习品质的养成，学校应更新科学的教育观与儿童观，对民族地区学前儿童的游戏权利更要保护，不能把游戏排除在学校教育之外。通过贯彻"幼儿园以游戏为基本活动"的教育理念，从内核提升民族地区学前教育质量，并发挥自身特色与优势，挖掘民族文化中的传统游戏，不仅发挥游戏的教育功能，同时发挥游戏对于下一代的文化传承功能。

（三）促进民族地区学前儿童全面发展

1. 激发民族地区学前儿童发展的潜力

民族地区学前儿童在游戏中也展现出巨大的发展潜力。作者曾在民族地区观察到一名学前儿童"玩吹气球"。因为缺少玩伴，看似玩法单一，但当其他玩伴参与进来之后，很快就延伸出对气球的多种玩法，包括用手拍打气球、把气球当足球踢、将气球想象成炸弹进行躲避游戏。这种对气球进行多功能的替代需要学前儿童不断进行"假想"，并且在此过程中，儿童展现出大肌肉动作的高度精准性。由此看出，游戏天然给学前儿童制造了想象发展与运动发展的契机。在游戏中幼儿展现出的投入与专注度相比让学前儿童在教室里进行想象力的训练无疑是更有效的。从而也可以看出，游戏中的儿童学习机会是平等的，可以得到公平的健康、语言、社会性、想象力的发展。

2. 基于民族地区学前儿童社会化发展与个性化发展的整体意义

学前教育旨在为儿童终身学习与发展奠定基础，在文化传承与社会化过程中，满足儿童个体发展需求，实现个性化发展，具有整体发展、综合发展的价值倾向。民族地区学前儿童的社会化与个性化需要在学前教育阶段得到扎实的启蒙与积淀。民族地区学前儿童一方面对本民族文化认同、归属与继承，形成对社会、国家的积极情感，另一方面基于自身文化身份形成包容、和谐的价值观、世界观，最终实现社会化与个性化的整体发展。

3. 基于民族学前儿童生命质量、幸福生活的需要

生活在学前教育领域当中具有重要课程地位。学前教育课程提倡以真实生活、以社会、以大自然为课程，让学前儿童在社会、自然、生活中广泛学习，积累直接经验。学前儿童对生活的感知，在生活中获得的愉悦感、满足感对其后续发展至关重要。因此，学前教育强调儿童对当下生活的体验与幸福感受。游戏作为儿童最喜爱的活动，其带给儿童精神上的满足、快乐、成就感与快感可以超越现实对学前儿童的挫折。精神分析学派将游戏作为儿童在现实中受挫、愿望得不到满足的中介调节力量，具有积极情绪意义。因此，游戏与学前儿童生命质量和幸福生活的需要息息相关。民族地区学前儿童作为儿童群体中的一员，有权利追求幸福生活。游戏可以超越物质功利给民族地区学前儿童带来精神上的满足，在扶贫战略背景下也具有积极意义。

（四）利于民族地区学前儿童深度学习，缩小教育质量差距

随着知识型社会、学习型社会的来临，学习能力、学习品质在人才培养中地位凸显。传统对知识的大量占有在知识爆棚的现代社会已显得无力，知识获得、知识运用、知识转化的能力被强调和关注。此外，除了知识教学，教育更加凸显文化育人的功能，人的价值观、德性、生命观被认为是更重要的品质结构。现代教育改革也基本否定了知识灌输、被动学习的教育范式，提倡发挥学生主体性、强调知识背后的方法、策略、价值观的教育范式，强调深度学习。深度学习是纵向、深入、高度投入、持续的学习，幼儿围绕某一课题，全身心投入，通过合作与探究，运用高阶思维，迁移已有经验去解决实际问题，是有意义学习的过程。幼儿深度学习的过程应以问题解决为导向，以积极情绪为动力，以动手制作为依托，以同伴合作为支撑，以评价反思为主轴。❶

游戏为幼儿提供广泛的深度学习机会，随着游戏主题与情节的发展、深化，过程中会衍生一系列相互关系的课题供幼儿探究。例如，"水"的游戏课程建构，教师给予幼儿自由游戏机会，自主在水池中踩水，引导幼儿利用身体感知水的特性。在自由感受过程中，幼儿自主萌发了各种问题，包括：为什么有的地方水深，有的地方水浅？为什么河流的水是流动的，水池里的水是静止的？喷泉是如何形成的？游戏自然生成了主题课程的学习

---

❶ 王小英，刘思源. 幼儿深度学习的基本特质与逻辑框架 [J]. 学前教育研究，2020（1）.

契机，而后老师引导幼儿制作喷泉玩具，用各种工具度量水的深浅等，在游戏的过程中幼儿体验的正是深度学习引发的一系列思考、假设与验证。

学前教育阶段应该为幼儿创设丰富的感官、探究环境，在游戏活动中衍生出深度学习契机，从而使幼儿获得良好的学习品质：学习兴趣、求知欲、探究精神、专注力，等等。民族地区学前教育亦需要结合当地幼儿生活经验、地方性知识兴趣在游戏中引发幼儿深度学习。虽然教师讲、幼儿听的讲授方式在一定程度上提高了民族地区幼儿知识的学习效率，夯实了基础。但是，仅仅依靠讲授式的教学方式无法满足民族地区学前儿童学习品质的养成和深度学习体验，长此以往，反而会加剧学前教育质量的差距。

（五）加深学前儿童本民族文化积极体验，形成文化身份认同

游戏与文化相互交融，人类文化具有游戏性，游戏也彰显着人类文化。与工业化社会发展而来的游戏特色不同，民族地区的游戏天然与本土文化不可分割，由本民族文化土壤生长而来的游戏天然彰显着文化历史积淀与情感，其教育价值与资源值得开发与挖掘。民间游戏能使儿童在愉快而轻松的气氛中了解和熟悉本民族人民创造的历史文化。比如，彝族儿童的老虎抱蛋游戏与虎崇拜或虎图腾有关。彝族儿童热衷的摔跤游戏，其背后的传说故事就是接受本民族文化教育的潜在途径。彝族儿童荡秋千游戏是在本民族的庆典仪式上开展的。毕摩或寨老在神圣气氛中的一举

一动，无不在儿童心灵上打下民族尊严、民族感情的烙印。❶

　　民族地区学前教育课程一方面应该根植于本地文化，维护幼儿与本民族文化的经验链接。培养学前儿童对本民族文化的情感认同与积极体验，在行为、价值观、心理、观念等层面认同自我文化身份，从本土化的积极认同生长出对社会、对国家、对世界的认同根基。让民族地区学前儿童在文化与心理上有归属感，形成自我生长与发展的优势逻辑。因此，游戏在民族地区学前教育课程中的价值发挥不在于对城市幼儿园游戏课程的模仿与复制。外在的模仿与复制与本土生长的文化割裂，与民族地区学前儿童的实际经验相距较远，不利于搭建学前儿童经验的支架，运用最近发展区。游戏在民族地区学前教育课程中的价值应该转变劣势视角，发挥自身优势视角，基于本民族文化，重视本民族文化中的游戏资源。

　　就像费孝通先生在《乡土中国》描述的那样："乡下孩子在教室里认字认不过教授们的孩子，和教授们的孩子在田野里捉蚱蜢捉不过乡下的孩子，在意义上是相同的。""乡下孩子不像教授们的孩子到处看见书籍，到处接触着字，这不是他们日常所混熟的环境。教授们的孩子并不见得一定是遗传上有什么特别善于识字的能力，显而易见的却是有着易于识字的环境。这样说来，乡下人是否在智力上比不上城里人，至少还是没有结论的题目。"❷ 回到当下社会，运动量、体育锻炼在城市学校由于学生

---

❶ 张新立. 教育人类学视野下彝族儿童民间游戏研究 [D]. 重庆：西南大学，2006.

❷ 费孝通. 乡土中国 [M]. 北京：商务印书馆，2011.

长期宅在教室而被高度重视与呼吁，但民族地区的儿童天然擅长运动。若照搬城市学前教育课程显然是不合时宜的。因此，游戏课程在民族地区学前教育也应考虑本民族文化特点，挖掘与当地儿童经验契合的，蕴含本民族文化传承价值的游戏，在学习其他地区优秀课程经验之外，挖掘基于自身文化背景生长起来的游戏课程，让学前儿童加深本民族文化的积极体验，认同自身文化身份。

（六）游戏性与文化传承

张新立❶从教育人类学角度对彝族儿童民间游戏进行考察，进一步验证了游戏与文化不可分割的重要关系，论证了游戏的形成与发展受到自然生态环境与人文环境的影响。如赫伊津哈而言，游戏创造了人类文化。文化又孕育着人，使自然人文而化之以成人。文化塑造着人的活动和行为方式，包括游戏的活动和方式。游戏反映着不同的文化，而不同的文化也给生物意义上相同的游戏赋予了不同的文化含义。一方面，文化与人类生活的自然生态环境有关，儿童游戏发生和发展受到自然生态环境影响。因此，山区、农村和城市等不同的自然生态环境使得儿童的民间游戏带着鲜明的当地自然生态文化特点。另一方面，人文环境对游戏的影响也更大，游戏作为一种流行于某地区的民间文化传统，产生和生存于某种特定社会空间，并伴随着社会发展而变化并再产生。在这个过程中，体现特定种族的生活方式、行为规范和文

---

❶ 张新立. 教育人类学视野下彝族儿童民间游戏研究［D］. 重庆：西南大学，2006. 本部分论述多参考张新立的观点。

化传统的心理结构。因此，现代游戏已经超越各种时空、社会、文化传统界域的限制，向世界各地传播，在传播的过程中，融合其他文化的特点，并且受到多种文化动因要素和运行机制的影响，形成多元、多向、多层次的文化现象。

文化、教育、游戏在人类发展进程中有着高度联系。张新立认为教育和游戏的相通之处在于两者都给儿童提供机会，满足儿童进化和文化的需要。该观点与学前教育研究者游戏与教学、课程的高度融合的观点契合。游戏与教育在儿童的发展过程发挥重要价值，创造多种学习契机。儿童通过游戏展现内部成熟的精神，是进化史上精神文化的沉淀，而教育是文化对儿童内部开放空间的占有，使文化在个体身上得以体现。当教育为儿童提供环境的同时，也引导儿童进入游戏状态，这种引导不为儿童认识，但为成人所意识到时，两者就融为一个活动。文化人类学的研究以及教育史的研究均证实，没有正规教育或学校教育的时候，人类的教育活动就是通过家庭生活和游戏而进行的。因此，民族地区儿童游戏作为地方性知识是当地文化积淀的重要成果，在现代学校出现之前就承担着儿童教育的重要功能。民族地区游戏资源无论在学前教育层面抑或是文化传承层面都应被关注。

四、学前教育民族文化游戏课程建构

（一）学前教育民族文化课程游戏化的现状与问题

1. 游戏与民族文化工具化叠加，游戏精神不足

学前教育民族文化课程游戏化容易将民族文化作为课程内

容，游戏作为课程实施形式，二者进行简单叠加。用游戏的形式来呈现民族文化的内容，游戏仅仅是一种教学策略与手段，与文化内容融合得很表面、很生硬。游戏只作为民族文化的附加品、特色、依附，外显形式，游离课程之外过去只是提取民族文化的资源，作为内容。

比如，在融入民族文化进幼儿园课程时，更容易采取集体教学的方式，再在教学的引导阶段与结束部分加入游戏因素进行教学活动的调节。虽然增加了教学活动的趣味性，但实际并未完全展现游戏精神。民族文化课程仅仅把游戏当作教学策略与教学方式，将学前儿童注意力短时间吸引到教师预设的教学内容上，属于教学游戏化，从本质上仍是教学活动。而游戏作为教学方式也比较生硬，将游戏用在教学引导环节或者是结束环节，教学的中间过程游戏性仍然相对较低。在集体教学活动中编制教学游戏，以期解决幼儿园教育"小学化"问题。但是，受制于传统认识与做法，游戏容易仅作为一种教学手段与形式，其目的桎梏于教学目标的达成。对于学前儿童来说，游戏性体验不够，其目标仍然是教师本位的、功利的、外在的，忽视了游戏的本质对学前儿童自主性培养、文化认同的深度功能。

教学活动游戏化的关键之处在于幼儿在活动中是否具有主体性，产生游戏性体验。教学游戏带有较为明显的教师意图，教师仍期待幼儿能跟着自己的教学目标去活动。因此，教师不适宜的控制容易让幼儿在教学游戏中丧失主体性，从而使游戏变成缺失游戏本质的空壳。况且，不是所有的民族文化都适合改编成完全的、具有游戏规则框架的游戏活动，强行改编与组织会造成课程与游戏的异化，成为"假游戏""假课程"。因此，教师编制的教学游戏若没有适应幼儿的兴趣与需要，常常会引发幼儿并不认为这是在游戏的尴尬。

2. 民族文化课程游戏资源开发与游戏环境创设缺乏

民族文化课程游戏化需要文化课程与游戏的相互生成，而不是仅仅依靠教学游戏化，将游戏异化为工具。民族文化课程游戏化遭遇的瓶颈很大程度上受制于游戏资源的开发与游戏环境的创设。刘占兰❶（2015）对广西、云南、贵州、重庆、新疆5个省（自治区和直辖市）的5个国家级贫困县（联合国儿基会的项目县）的435所幼儿园、1507个班级、474名教师、56946名在园儿童进行调查发现，贫困地区幼儿园普遍缺乏户外以及室内基本游戏材料，难以保证游戏作为幼儿园基本活动的开展。并特别强调要引导和支持教师分析当地特有的可以利用游戏资源，支持幼儿开展基本的游戏活动。

游戏课程模式与集体教学活动不同，对游戏材料、游戏空间、游戏时间、游戏环境要求很高。将游戏贯穿民族文化课程中，需要基于游戏本质与儿童精神来实施。将民族文化潜移默化地融入游戏材料、游戏空间与游戏环境中，并保障完整的、持续的游戏活动时间。学前儿童在进入游戏活动中，不用教师用言语明显提示，就能从游戏与环境的互动中感受到民族文化并深度感受。但当前，民族地区通过游戏来学与教仍遇到很多困境，例如，学前教师队伍专业度不高、游戏材料与资源得不到充分支

---

❶ 刘占兰. 农村贫困地区幼儿园教育质量现状与提升建议［J］. 学前教育研究，2015（12）.

持、游戏的创设与指导能力缺乏专业培训等问题。

3. 民族文化课程游戏化本身具有专业挑战性

民族文化课程游戏化涉及学前儿童、学前儿童教育、民族文化、游戏四者之间的关系。组合出多重、交互、复杂的专业关系。首先，民族文化与学前教育之间的关系。民族地区学前教育如何平衡学前教育课程、教学与民族文化，地方文化与通识性教育之间的关系。其次，涉及文化与学前儿童之间的关系。文化人类学认为儿童是文化之网的儿童，每个儿童基于其生长经历与背景，都处于自身的文化之网。民族地区如何在教育中平衡地方文化与其他多元文化间的价值关系。然后，涉及文化与游戏之间的关系。如何从文化视角认识游戏以及如何从游戏视角认识人类文化。再次，游戏与学前教育之间的关系。针对民族地区学前教育小学化现象，如何落实"幼儿园以游戏为基本活动"的教育理念。最后，以上关系又相互交织，形成学前儿童、学前儿童教育、民族文化、游戏四者相互交错，形成多因素、多维度的互动。因此，民族文化课程游戏化对教师专业能力要求非常高。教师需要贯通游戏环境创设与材料投放、游戏指导、幼儿园课程资源开发、文化筛选、改编、融入幼儿园课程的专业能力。这需要教师同时拥有学前教育专业背景与民族文化背景才可以很好地整合实施。

当前，民族地区学前教育非专业教师、转岗教师、新手教师占比大，教师队伍流动性大。国家各种教师支持政策下引入大量支教教师，其本身都面临文化适应问题，民族文化课程游戏化需要长时期的专业积淀与文化滋养。因此，民族文化课程的资源开发、设计、组织与实施将面临巨大挑战。

（二）游戏与民族文化课程融合的基点

1. 基于民族地区学前儿童的文化经验

民族文化课程选取的内容应该基于儿童日常的文化经验，而不应该脱离。从民族地区的日常文化经验出发，选择儿童熟悉的内容，通过游戏的形式再现民族地区学前儿童的文化经验。例如，凉山彝族儿童从半岁开始戴童帽，此帽式前呈扁平状，镶花边，上贴一个翡翠小玉片，帽顶和帽两侧绣花朵组成的图样。女孩的帽前沿伸出部分呈椭圆形，男孩的帽后延伸出呈燕尾状，又称"燕子帽"。孩子满三岁时，男孩不再戴帽，女孩换上鸡冠帽，其帽状如公鸡冠，两侧绣有圆形、三角形等精美图案。该内容可以通过角色游戏、表演游戏、建构游戏的方式进行探索与经验再现。从民族服饰内容中抽取典型符号，如"花边""花朵""鸡冠"符号。教师投放角色装扮的各类材料：绳子、丝巾、纸盒等，让学前儿童进行装扮，自制帽子并进行装饰。

在游戏环境创设，教师可以将从民族服饰文化内容中抽取的关键符号在游戏环境中进行暗示、展示。学前儿童在角色扮演时，随着自己的游戏情节自然会进行不断的角色确认，而装扮的民族服饰会成为隐性的游戏规则规定学前儿童的行为、语言和游戏情节。在自然而然的情况下，学前儿童感知、体验民族文化，并通过角色扮演再认，认同自身的文化身份，此时，教师在实施民族文化课程时，主要工作在于为幼儿提供游戏的材料、空间与时间，通过环境暗示引导学前儿童进行民族文化游戏情节与体验。具体的游戏情节并不由教师预设，而是学前儿童根据自身文化经验与游戏材料推动而成。学前儿童在游戏中主动进行经验强化与学习。

2. 基于民族地区学前儿童的学习需求

民族地区学前儿童的学习需求需要结合发展一般性与发展特殊性考虑，从一般性发展来看，民族地区学前教育需要促进儿童德、智、体、美、劳全面发展，使儿童成为完整的人，这也是我国教育目的的体现。从发展特殊性考虑需要基于民族地区学前儿童当前学习状况与实际需求。针对民族地区学前教育的短板，特别是在教育精准扶贫战略下，需要解决民族地区学前教育的基本工具问题，包括普通话普及以及良好卫生、行为规范的培养。这是当前教育扶贫战略背景下的基本任务。民族地区学前教育教师通过唱歌、礼仪、学汉语等方式帮助民族地区学前儿童顺利渡过语言关，促进幼小衔接，为后续学校阶段的学习解决语言工具问题。

因此，从幼儿园五大领域课程来看，健康领域、语言领域、社会领域、科学领域、艺术领域，在当前阶段，健康领域与语言领域课程是民族地区学前教育首要关注的课程。基于该基本需求，考虑将民族文化融入健康领域、语言领域课程中并游戏化。通过游戏与民族文化融合让学前儿童在语言领域、健康领域获得学习契机与学习经验。在筛选民族文化内容时，可以思考哪些内容能充分展现本民族语言的魅力？哪些内容可以衔接民族地区日常生活习俗与行为习惯教育？以此来增强民族文化在学前教育中的感染力，链接教育与民族地区学前儿童的文化经验，而不是机械地去教儿童念字、读字、写字，用教师权威去强调勤洗手、爱干净等卫生习惯内容。

3. 基于民族文化课程游戏精神的彰显

随着研究的深入，研究者们开始从游戏的行为层面走向精神层面，关注游戏精神，并提出要以游戏精神观照教育，游戏精神在教育教学活动中的贯穿。形成科学的儿童观与教育观，尊重儿童与其权利，保证了游戏活动在幼儿园课程中的独立地位。游戏与教育融合的理想状态是儿童的无意识与教师有意识融为同一过程：教育者将儿童引入一种游戏状态并寓于一定教育意图但不为幼儿所察觉。❶

游戏精神在民族文化课程中彰显的理想状态是，教师的教是为了充分激发学前儿童在活动中的主体性，以支持学前儿童在游戏中自主地学习与感受民族文化。因此，学前儿童在活动中主体性是否充分发挥，是否产生游戏性体验是核心关键。而学前儿童在游戏活动中的流畅感与积极体验可以使学前儿童处于适宜的学习的开放状态，自动吸收游戏环境与材料中暗含的民族文化内容。

（三）学前教育民族文化游戏课程的实施策略

1. 民族文化中游戏课程资源的筛选与开发

（1）民族文化游戏课程资源内容筛选标准。

第一，遵循儿童利益最大化标准。在筛选民族文化内容时，

---

❶ 毛曙阳. 关于幼儿游戏本质及其对幼儿的发展价值的思考［J］. 学前教育研究，1999（3）.

时刻需将学前儿童放到首要考虑位置。在日常生活中观察学前儿童的生活经验与文化经验，挖掘其反映出的民族文化经验主题与民族文化拓展需求。而不是站在成人立场去挑选离学前儿童经验较远、意义抽象、脱离学前儿童生活的内容。需要基于学前儿童经验，架构民族文化学习与教育的最近发展区。

第二，遵循文化价值与教育价值标准。民族文化内容十分博大，选择民族文化中基础、优秀、精华的部分，挖掘内容的文化价值与教育价值。让民族地区学前儿童袭承本民族文化中的优秀传统，形成良好德行，以达到文化成人。

第三，遵循可直接经验化标准。游戏课程要求内容可以直接经验化，被学前儿童感知、操作、探索。在筛选内容时需要考虑内容是否可以直接经验化与材料化，并思考游戏材料的制作与投放的难易程度。直接经验化包括触动学前儿童视觉、听觉、嗅觉、味觉、触觉的整体感观，并可以通过"做中学"来实施民族文化课程内容。

第四，遵循安全标准。游戏活动以学前儿童自主操作为主，教师提供游戏材料、空间、时间支持，并在必要时才介入指导。因此，需要考虑安全问题，让学前儿童在游戏时避免安全隐患。这种安全包括生理安全与心理安全，因此，并非所有的民族文化内容都适合融入幼儿园课程，例如，民族文化中一些禁忌习俗，需要引导和融入时慎重选择，不能机械移植，让学前儿童无法理解而引发恐惧感与不安全感。

（2）民族文化游戏课程资源内容框架。

从文化内容框架来说，应从文化的整体维度来考虑与筛选。

文化不仅包括外显形式内容，还包括内隐形式的内容。信仰、观念、价值、情感、行为、组织机构都构成了文化的组成部分。因此，从文化内容框架来讲，民族文化课程游戏化不能仅仅停留在行为的外显文化内容，更应触及其他文化内容层次，特别是价值、情感、观念、信仰的内容，触及文化内容核心，让民族地区学前儿童在游戏中感受本民族文化的情感链接、价值观念，形成文化信仰与文化自我认同。

从游戏内容框架来说，任何游戏类型都可以作为民族文化课程的承载体，包括角色游戏、建构游戏、表演游戏、规则性游戏。当前，民族地区学前教育在融入民族文化课程时，更擅长使用规则性游戏，包括教学游戏、民间游戏。而角色游戏、表演游戏、建构游戏在内的创造性游戏与民族文化融合基础上的游戏资源开发需要被重视。基于文化与游戏的完整框架架构民族文化游戏课程资源的内容。

（3）民族文化游戏课程资源开发程序。

首先，需要结合文化内容的完整框架梳理民族文化中的精华内容。

其次，基于前文论述的融合基点与筛选标准，对梳理出来的内容进行筛选或改编，使之与民族地区学前儿童的生活、文化经验与学习需求相契合。

再次，基于文化与游戏类型的完整框架，架构民族文化游戏课程资源。该资源应该含括本民族文化的信仰、观念、价值、情感、行为、组织机构，并呈现游戏的完整类型，特别是创造性游戏类型，形成有层级、完整的内容框架。

最后，围绕内容框架涉及游戏主题，并将内容直接经验化。该环节涉及民族文化游戏课程主题与主题教学活动内容的网络设计，并进行游戏材料的投放、自制以及游戏环境的创设。

2. 学前教育民族文化游戏课程的实施方式

（1）民族文化课程与学前儿童游戏的相互生成。

民族文化课程游戏化并非是让所有课程都以游戏活动来开展，教学活动也是非常必要的。游戏活动、教学活动、生活活动共同勾勒幼儿园课程的框架。但这些活动并非相互割裂，互不相干的，而是相互生成，不断地相互拓展，形成不断持续、深入的民族文化课程。

教师在进行民族文化教学活动时，除了要注意游戏精神的贯穿，还需将教学内容转化为游戏材料、游戏环境，投放在游戏空间中，让学前儿童在自由游戏中去探索、巩固经验。在游戏探索中，对同一主题进行操作，随着游戏情节的深入又会形成进一步的内容契机，引发教育机会，教师又可以在新的一轮教学活动中设计、实施，形成课程—游戏—课程—游戏的无限循环。

（2）民族文化主题游戏的持续探索。

民族文化课程的游戏化以主题式、项目式的方式开展，形成学习与教学网络，以保障学前儿童能有充分的时间进行深度学习与探索。在主题游戏中，教师会关注学前儿童的想法与经验，并想办法支持学前儿童的想法、满足他们的游戏愿望。学前儿童游戏的基本需求得到满足之后，会生成更高一级的游戏需求，游戏情节逐渐复杂化，从初级向高级、从简单向复杂发展。游戏需求与教师的游戏支持形成主题游戏的发展动力，推动主题游戏活动的深入开展，有利于幼儿通过游戏的深度体验与学习。

（3）游戏性活动的充分运用。

文化本身就具有游戏性，因此，民族文化课程中不必所有的活动都以游戏的方式展开。只要贯穿游戏精神，保障学前儿童活动的主体性体验，具有高度游戏性体验的文化课程可以以原汁原味的活动形式开展。例如，民族艺术欣赏活动、民族舞蹈、民族音乐、民族饮食文化等。

3. 利用自然、地方文化资源挖掘游戏材料

第一，民族文化游戏课程的游戏环境创设与材料投放可以广泛从大自然、从日常生活中选取。大自然中的花草树木、果实、石头、泥土都可以作为游戏材料，日常生活中的农具工具、服饰器物、农作物等也可以投放到游戏区域。挖掘当地农作物资源作为游戏资源与材料，例如，大麦、小麦、玉米、燕麦、土豆等投入游戏区域作为游戏操作材料。又如，畜牧业、养殖业的猪、羊、牛、马、鸡等牲畜可以作为课程与游戏生成的主题。

第二，由于民族文化具有多样性，现成的游戏材料并不一定能适宜承载特定的文化课程游戏主题，需要教师根据需要进行自主设计与制作，以契合主题内容。在自制玩具时以半结构为主，教师在材料中留有线索，给学前儿童留下一些后续制作与创意的空间，既能减轻教师的工作量，又能激发学前儿童的创造力与观察力。

4. 游戏精神对学前教育民族文化课程的全程观照

无论是游戏与民族文化课程的相互融合，还是教学活动游戏化，相比游戏的外在形式，游戏精神与儿童精神的彰显是整个民

族文化课程游戏化的核心与重点。学前教育课程由生活活动、教学活动、游戏活动共同组成，不可偏废。游戏课程的架构不是要把课程全部转化为游戏活动，而是在整个课程中贯穿游戏精神。民族文化中有很多活动如艺术活动、歌谣语言活动，本身就具有游戏的特点，是游戏性活动。不用硬生生再改造成游戏活动，这样反而会使游戏异化，适得其反。但游戏性活动的组织需要充分体现游戏精神与儿童精神，不能将成人的娱乐活动直接照搬组织给儿童。

因此，游戏并非辅助教学活动的工具，而是应该成为整个教育活动的核心与精神。刘焱指出幼儿园以游戏为基本活动，就是要将游戏的主动性、独立性、创造性这种特征辐射到教育体系中的所有活动中，使所有活动都具有游戏的主体性特征。❶ "幼儿园以游戏为基本活动"的含义有两层。第一，是将游戏活动纳入幼儿园课程。从时间、内容上保证游戏活动的存在，尊重幼儿游戏权利。这是对游戏活动实体形式的保障。第二，要将游戏活动的主体性本质扩散到整个幼儿园教育活动中。然而，并非所有的幼儿园教育活动都必须以游戏的实体形式开展，例如，教师们常常疑惑："难道吃饭、上厕所也要变成游戏吗？"因此，从这一层面上来讲，游戏与教学的融合需要突破其实体形式，抓住融合的核心——游戏精神。让学前教育尊重幼儿的生命意义，将教育的过程看作自由、和谐、民主、愉悦、开放、创造性的过程，而这些特征正体现出游戏活动的意义。

---

❶ 刘焱. 幼儿园游戏教学论 [M]. 北京：中国社会出版社，1999：169.

第四章　学前民族文化课程的个案研究

——以阿坝藏族羌族自治州学前双语教育为例

　　民族地区双语教育是指教育部依据《宪法》和有关法律规定，国家在少数民族地区学校和民族学校中，对少数民族学生进行以少数民族语言和国家通用语言作为教学语言的教育教学活动。实施双语教育的目的是不断提高少数民族教育质量，切实增强少数民族学生适应社会发展的能力，为国家和少数民族地区培养双语兼通人才。目前，国家大力支持开展双语教育，在双语教师配备、教材和教学资源建设，以及与双语教育相适应的招生考试和人才选拔等方面，制定一系列优惠政策。我国民族众多，各民族语言文字有很大差异，因此，双语教育必须坚持从实际出发，遵循因地制宜、科学有效的原则，稳步加以推进并落实社会主义核心价值体系。

一、我国双语教育的中央相关政策依据

　　我国于1951年颁发的《宪法》中规定，各民族都有使用和发展自己的语言文字的自由。同年国务院批准实施《关于第一次全国民族教育会议报告》提出："凡有现行通用文字的民族，如

蒙古、朝鲜、藏族、维吾尔、哈萨克等少数民族，小学和中学的各科课程必须用本民族语文教学。"❶ 此文件指明了我国有语言文字民族双语教育的指导总方针，更是我国双语教育政策开启的首个文件。1952 年出台的《中华人民共和国民族区域自治实施纲要》和 1953 年颁布的《关于兄弟民族应用何种语言教学的意见》中表示，少数民族具有使用自己语言接受教育的权利，特别指出，有语言无文字的少数民族暂可以采用汉语文或本民族所习用的语文进行教学❷。1957 年国务院通过了改制和创制少数民族文字的提议。我国以拉丁字母为基础，为壮、彝、苗、侗等 12 个民族改制和创制文字，这为以后历史上有语言无传统文字民族双语教育的发展奠定了基础。《中华人民共和国宪法》（1982 年）和《中华人民共和国义务教育法》（1986 年）明确指出，学校应当推广使用全国通用的普通话，招收少数民族学生为主的学校，可以使用少数民族通用的语言文字教学❸。由此，双语教育已经上升为明文规定，但依然没有直接使用"双语"一词。直到 1990 年，我国发布《中国教育发展和改革纲要（1990—2000）》提出："采取适当的办法形式，贯彻双语文教学政策。"❹

"双语"一词首次在政府文件中正式提出，并逐渐取代之前

❶ 中央人民政府教育部关于第一次全国民族教育会议的报告 ［N］. 人民日报，1951 – 12 – 22（3）.

❷ 陈立鹏. 中国少数民族教育立法研究 ［D］. 北京：中央民族大学，2004.

❸ 全国人民代表大会. 中华人民共和国义务教育法 ［EB/OL］.（1986 – 04 – 12）［2018 – 12 – 09］. http：//www. law. lib. com/law_view. asp? id =3636.

❹ 教育部. 中国教育发展和改革纲要（1990—2000）［EB/OL］.（2012 – 07 – 06）［2019 – 01 – 09］. http：//www. moe. gov. cn/s78/A03/ghs_left/moe_1892/s6616/s6617/201207/t20120706_138916. htinl.

常用的"汉语文"和"民族语文"并举的提法是在 1992 年国家发布的《关于加强民族教育工作的若干问题的意见》中:"要因地制宜地搞好双语文教学。"自此,"双语"作为教育政策正式确立。国务院印发《关于深化改革加快发展民族教育的决定》(2002 年) 提出大力推进民族中小学双语教学,国务院发布《国家中长期教育改革和发展规划纲要 (2010—2020 年)》(2010年),要"大力推进双语教学,全面推广国家通用语言文字。尊重和保障少数民族使用本民族语言文字接受教育的权利……全面加强学前双语教育……加大民族地区双语教师培养培训力度。到 2021 年要基本普及学前教育的发展目标",提出大力推进双语教学,尊重和保障少数民族使用民族语言文字接受教育的权利。《国务院关于当前发展学前教育的若干意见》明确提出:"中央财政设立专项经费,支持中西部农村区、少数民族地区和边疆地区发展学前教育和学前双语教育。"

新时代背景下,我国民族地区双语教育还具有下列特征。❶

(一) 时代性

新时代的少数民族双语教育,要以习近平新时代中国特色社会主义思想为指导,用现代教育理念引领民族教育发展。在新时期,加强民族语言、文字的规范化,采取措施,抓住科技发展的新机遇,建设支持双语教育资源、教育信息化管理平台和数字化智慧校园,搞好民族语言文字的教学推广应用工作。

---

❶ 张和平,毛家贵. 新时代民族地区双语教育的内涵、特征及问题研究 [J].凯里学院学报,2019,37 (1):90 - 93.

（二）科学性

一方面，双语教育是一种教育活动，是民族教育，它的实施符合教育教学规律和学生认知发展规律；另一方面，自从我国实施双语教育以来，国家层面给予大力支持，制定了许多相关政策，明确具体规定。专家学者从理论到实践展开研究，积累了大量丰富的经验。因此，我国实施双语教育，是民族教育科学办学的客观要求，具有科学性。

（三）复杂性

我国有 56 个民族，汉族、朝鲜族、蒙古族、藏族、维吾尔族、哈萨克族、柯尔克孜族、彝族、傣等民族各有其文字，并且这些文字大都有较长的历史。壮族、布依族、苗族、侗族、哈尼族、瑶族等民族使用新创制的以拉丁字母为基础的拼音文字，其中苗族因为方言差别大，国家还分别给黔东、湘西和川黔滇等三个方言区和滇东北次方言区创制了文字或文字方案。我国各民族现行文字共有 40 种，还有一些民族无文字但有语言，因此，在实施双语教育过程中，作为语言文字的教学内容和作为教育媒介的教学方式都比较复杂。另外，我国少数民族地区大都地处偏远，生活环境和交通条件不便利，因此，在国家多元一体化背景下实施双语教育，要充分考虑这些复杂的情况。

（四）传承性

在国家统一的背景下，我国改革开放初期，双语教育主要是以学习汉语知识为主的一种教学模式。改革开放 40 年后，随着义务教育政策的普及和实施，以及电视、电脑和手机等现代（网络）媒体技术普及，少数民族地区儿童掌握本民族语言的人越来越少，双语教育同时也承担起传承与发展各民族优秀传统文化，构建中华民族共同的精神家园的责任，因此，现在的双语教育承担传承性价值，是在汉语言文字学习的过程中需要有意识地学习当地民族语言。

（五）世界性

经多年研究总结，我国的双语教育模式和累积的经验，不仅适合国内其他民族地区的双语教育，也适合我国学生学习其他国家的语言文字，同时，在我国"一带一路"倡议实施背景下，还能适合在其他国家实施双语教育。

二、民族地区双语教育的定义

《国家中长期教育改革和发展规划纲要（2010—2020 年）》提出："大力推进双语教学。全面开设汉语文课程，全面推广国家通用语言文字。尊重和保障少数民族使用本民族语言文字接受教育的权利。全面加强学前双语教育。"❶

在开展双语教育前，必须先厘清"双语"的地位。第一，要承认双语教育中语言的双重地位。双语教育实际上是语言形式

---

❶ 龙红芝. 民族地区学前双语教育的几个理论问题研究 ［J］. 西北民族研究，2012（4）：160－167.

和功能（社会功能）学习的统一体，双语教育中的"双语"暗含着国家认同、民族精神与语言的关系，需要承载社会文化功能。从这个角度来说，研究双语教育就要以研究社会为前提。需要承认双语人和社会人是一个统一的概念，要把他们作为一个整体加以研究。用洪堡特的话来说，"语言介于人与世界之间，人们必须通过自己生成的语言去认识、把握世界"，❶ 故双语教育的研究范围不应该局限于个体或群体语言行为的描写，而是要将语言形式（语音、词汇、句法）与社会联系起来。为此，双语教育不能简化为以目的语为目标的语言课，它与语言课存在本质的区别。第二，双语教育不能以牺牲"母语"为代价。很多学者强调双语教育中母语的重要性。调查发现，通常母语水平越高，目的语学习能力越强，尤其是在目的语水平达到一定程度后，母语的影响更大。从当前我国部分民族地区的双语教育现状来看，丢掉母语去学汉语，结果是汉语和母语都存在严重缺陷：人人都在学汉语，却仅能说一点汉语，并没有达到精通的程度。这种过分注重语言形式的双语教育不仅影响了专业人才的培养（学生大量的时间用在汉语的听说读写上），而且无形中限制了学生母语基本功的训练，限制了他们的就业方向和机会，使得双语教育的实效性大打折扣。❷ 第三，双语教育的目的，不仅仅是使人掌握母语之外的一种交流工具，还是促进各民族文化在一个复合结构中更好地发展人的智能、培养其思维素质的战略选择。

---

❶ 丁炜. 全语言教育［M］. 上海：华东师范大学出版社，2011：60.

❷ 刘玉杰，刘健. 试析我国民族地区双语教育的国家认同功能［J］. 理论月刊，2016（5）.

双语教育的文化功能从来不是单一的，"它至少是包括三重功能的复合结构：1. 交际、交流的工具性功能；2. 与语言体系融而为一的文化要素所具有的文化传递功能；3. 与文化形态相关的文明构型的思维素质所具有的智能开发因素"。❶

《国际教育百科全书》认为，双语教育定义的最低标准应该是"一种在教学过程中至少使用两种教育语言的教育"。我国学者戴庆厦认为："双语教学，是指在少数民族地区用两种语言文字进行教学。"❷ 哈经雄等学者认为："双语教育不仅包括是否开设两种语言的语文课，还包括其他科目教材的教学媒介的使用。"❸ 由此可见，我国少数民族双语教育的内涵包括两层。第一层是在学校教育中开设两种语言课：少数民族语言和汉语言。在实践中通常又有三种具体做法：一是从小学一年级开始开设民族语文课和汉语文课；二是先开设民族语文课，小学三年级再开设汉语文课；三是到初中一年级才开设汉语文课。随着国家双语教育政策的推行和民族地区语言环境的变化，特别是现代媒体的发展、交通的便利、各民族之间交往的增多，现在通常的做法是在小学一年级同时开设两种语言课。第二层就是教学用语的选择和使用，这在我国实践领域通常有以下三种模式。❹

第一是教学语言主要使用母语，同时会加授汉语文课。这种模式俗称"民加汉"。这种模式通常适用于少数民族聚居区，居

❶ 皇甫晓涛. 文化领识 [M]. 北京：中国文史出版社，2014：17.

❷ 戴庆厦等. 我国双语研究的现状及展望 [J]. 民族教育，1989 (3)：76.

❸ 哈经雄，滕星. 民族教育学通论 [M]. 北京：教育科学出版社，2001：200.

❹ 龙红芝. 民族地区学前双语教育的几个理论问题研究 [J]. 西北民族研究，2012 (4)：160 – 167.

民在日常生活中主要使用少数民族语言，儿童习得的第一语言往往也是母语。此模式中，汉语言主要被定位为一种交往或未来交往的工具。

　　第二是教学用语主要使用汉语，同时加授民族语文课。这种模式俗称"汉加民"。这种模式主要适用于民汉杂居地区或者民族地区的县城、市区大部分儿童出生后在使用汉语的环境中长大，而本民族的语言则可能有所欠缺或根本不会，因而，在学校和日常生活中少数民族儿童主要使用汉语，学校则会开设本民族的语文课。此模式中，民族语文课不仅仅被作为交流的工具来学习、使用，更重要的是被赋予更多的文化内涵，希望学生能够通过本民族语言的学习，继承本民族特有的文化与传统。

　　第三是在教学中同时使用母语和汉语两种语言。这种模式适用于有"双语人"担任教师的学校中。

　　综上所述，我国目前所使用的双语教育模式大致分为三种：教学语言使用母语、教学语言使用汉语或者是教学语言同时使用母语和汉语，民族地区学校可以依照自身的教师教学能力和条件来开展双语教育。目前我国针对民族地区的双语教育投入不断增加，教育规模不断扩大，办学条件明显改善，教师队伍素质稳步提升，学校民族团结教育广泛深入开展，双语教育积极稳步推进，教育教学质量快速提高，培养一大批优秀的少数民族人才，为民族地区经济社会得以获得现代化发展奠定基础。其实，民族地区的双语教育除了可以协助其优秀的当地人才，更要让学生形成团结包容的文化理念，形成民族文化保护的有利环境。

　　在少数民族地区实施双语教育，不但要面对少数民族学生，而且还要面对汉族学生。因此，在这样的教育环境中，教育者要充分发挥中介和引领作用，引导汉族学生和少数民族学生之间形成源流共识、兄弟共识、国家共识，不断培养他们平等、团结、互助的意识，使他们认识到中华文明自始至终都是各民族相互作用的结果，认识到各民族的语言是文化的载体，各民族文化是多元一体的中华民族共同体的关系，从而形成民族地区的各民族人民皆能相互尊重，相互学习的习惯和认识，为推动少数民族文化的保护、促进民族团结创造良好环境。因此，在民族地区开展学前双语教育的重要性，有以下四点。❶

（一）民族地区学前双语教育是民族教育的起点

少数民族学前双语教育的实施，一方面为保护、传承和发扬各少数民族的文化传统，提高各民族语言的水平提供了从内容到形式上的基础保证，另一方面还可以帮助少数民族儿童在日后接受更高层次的民族教育打下坚实的语言基础，从而有利于在今后的成长中获得更多的成功机会，从更高层次说，也有利于实现各民族之间教育权利的真正平等。❷

（二）民族地区学前双语教育是培养幼儿学习民族文化兴趣的起点

面对知识观的变革，作为基础教育重要组成部分的幼儿园教

---

❶ 龙红芝. 民族地区学前双语教育的几个理论问题研究［J］. 西北民族研究，2012（4）：160－167.

❷ 哈经雄，滕星. 民族教育学通论［M］. 北京：教育科学出版社，2001：200.

育的使命必然发生重大变化，新的使命就是"满足人的基本学习需要，培养终生可持续发展所需要的基本素质"❶，"为幼儿一生的发展打好基础"。这个基础不仅包括基本知识和读、写、算的能力，更重要的是幼儿学习兴趣的培养。采用母语为主要教学语言，以地方性知识为主要内容，更有利于儿童在自己原有经验的基础上，在自己擅长的领域中，获得这种积极的体验，从而形成对本民族文化的喜爱、好奇、探索、认可。

（三）民族地区学前双语教育是民族文化传承、民族认同的起点

民族认同是社会成员对自己归属于某一民族及其文化的一种认知和情感依附，民族认同也是每一位社会公民所必须完成的社会化任务之一。现代社会公民所面临的文化认同任务是建立"立足本民族，面向民族国家，放眼全球多元文化"的分层认同模式，其中"民族认同是使民族成员顺利完成民族文化背景下社会化过程的必经阶段"。

（四）民族地区学前双语教育是儿童适应多元社会现实的起点

我国是一个多民族、多文化的国家，各少数民族都有自己独特的民族文化，传承、保护、发展、创新本民族文化是少数民族成员不可推卸的责任，也是各少数民族和谐发展的基础。在少数

---

❶　教育部基础教育司.《幼儿园教育指导纲要（试行）》解读［G］. 南京：江苏教育出版社，2002：67.

民族人才的培养上，民族教育不仅仅是在培养适应本民族文化社会活动的人才，而且是在面向本民族、面向全国、面向世界培养各级各类人才。另外，母语是基础，是和民族文化、民族心理不可分割的民族特征之一，第二语言是民族之间交往、民族自身发展的需要，任何一个民族不主动学习别的民族的语言和文化，它的发展就会受到限制，因此，民族地区学前双语教育为儿童将来发展为适应多元文化社会的人才打下基础。

三、阿坝州双语教育的发展

（一）阿坝州的基本情况

由于阿坝州于 2013 年颁布实施《阿坝藏族羌族自治州教育条例》，四川省率先对双语教育及教材编制等问题作出明确规定，自治州应当因地制宜进行双语教育，辖区内以藏文教学为主的中、小学校，应当使用国家规定的统编藏文教材，并且加强汉语文教学。阿坝州辖马尔康、金川、小金、阿坝、若尔盖、红原、壤塘、汶川、理县、茂县、松潘九寨沟、黑水等 13 县（市），219 个乡镇（镇 54 个，乡 165 个），56 个居民委员会，1354 个行政村，幅员 83002 平方公里。2016 年全州总人口 919513 人、少数民族总人口 738413 人、城镇户籍人口 263427 人，常住人口城镇化率 37.86%，人口增长率 0.637%。另外，阿坝州是著名的"生物基因宝库"，是名、特、优、稀水果和反季节蔬菜的优良种植区，同时，又是全国五大牧区之一，有优质天然草场 422

万公顷，绿色食品资源开发前景广阔。阿坝州初步形成了酿酒葡萄、优质蔬菜、特色果业、特色马铃薯、优质高原中低温食用菌和道地中药材产业六大种植业特色产业。阿坝州拥有两大省级经济开发区，一是四川阿坝工业园区，二是成都—阿坝工业园区，两大园区的基础设施建设已经初具规模，已成为四川经济发展的新亮点和新的增长极。

　　阿坝州更是四川省第二大藏区和我国羌族的主要聚居区。阿坝的人口 52.3% 属于藏族，26.6% 属于汉族，17.7% 属于羌族，3.2% 属于回族。阿坝州的语言分布非常复杂，主要分成三种：藏语、嘉绒语和羌语。阿坝若尔盖、红原、壤塘县的藏族居民及松潘县的部分藏族居民使用的语言为安多藏语，安多藏区的大部分幼儿园和中小学均使用安多藏语加汉语的一类模式进行教学。金川、小金、马尔康藏族居民和汶川、理县、黑水的部分藏族居民使用的语言为嘉绒藏语，嘉绒地区的部分学校采取汉语加藏语的二类模式进行教学。茂县及汶川、理县、黑水、松潘羌族居民使用语言为羌语，羌语无文字，存在地方方言，语言无法统一，绝大多数羌族群众已经不会羌语，只能使用汉语。目前根据阿坝州藏族和羌族群众的强烈要求，各县（市）结合自身实际，不断加强学校在保护和传承少数民族语言文字和文化的功能和作用，积极推进各种民族文化进校园。2014 年，全州先后编译并正式出版了幼儿教学类、幼儿读物类、幼师教材类、影像作品类和中小学教材类等五类"双语读物"共计 56 种、56 万册，部分编译读物均使用藏语和汉语两种文字（见图 4-1、图 4-2）。其中，阿坝 1.12 万册、若尔盖 2.8 万册、红原 1.68 万册、壤塘

1.12万册、理县100册；各县所有的幼儿园、中小学及双语学校全部使用。

图4–1 阿坝州使用的双语教育儿童绘本图

图4–2 阿坝州使用的双语教育儿童绘本图（藏汉对照版本）

　　基于上述阿坝州的人口经济条件、语言环境，本书以阿坝州开展学前双语教育为研究个案，并从中了解阿坝州学前双语教育的现行状况和调研结果。

(二) 阿坝州学前教育的现况

近年来，阿坝州把学前教育作为维护藏区长治久安和跨越发展的基础性工程，在办园条件、师资队伍、办园质量等方面大力攻坚克难，有力推进了学前教育快速发展，本书根据阿坝州学前教育的相关材料进行调研并整理如下。

1. 基本情况

2017 年，阿坝州有各级各类学前教育机构 702 所，其中县城幼儿园 17 所，占全州幼儿园所数的 2.42%；乡镇幼儿园 96 所，占全州幼儿园所数的 13.7%；中心校附设幼儿园 134 所，占阿坝州幼儿园所数的 19.1%；村级幼儿园 404 所（其中有 21 所属于两村或多村联合办园），占全州幼儿园所数的 57.6%；民办幼儿园 51 所，占全州幼儿园所数的 7.3%；全州有在园幼儿 28158 人。阿坝州牧区现有双语幼儿园（含办学点）182 所，占全州幼儿园所数的 25.9%；在园幼儿 7317 人，双语学前一年毛入园率达 75.46%；学前三年毛入园率 70.3%，到 2020 年阿坝州学前三年入园率达到 80%，全面普及学前三年义务教育。各县（市）均有省州级示范幼儿园，并建设 3~6 所乡（镇）标准化幼儿园，阿坝、红原、若尔盖壤塘县学前三年毛入园率达到 78%。目前阿坝州有省级示范性幼儿园 7 所，州级示范性幼儿园 7 所。

2. 双语幼儿园布局

截至 2016 年年底，阿坝州有各级各类学前教育机构 471 所，其中独立设置的幼儿园 337 所（公办幼儿园 286 所，民办幼儿园 51 所），有附设幼儿班的中心校 134 所，已基本构建起县、乡、村的三级学前教育服务体系。阿坝州共有普惠性民办幼儿园 51 所，占民办园总数的 100%；阿坝州有在园幼儿 28158 人，有幼儿教职工 1396 人（其中专任教师 1109 人）。有双语幼儿班 260 个，其中一类模式 181 个，二类模式 79 个；在园幼儿 6371 人，其中一类模式 4920 人，二类模式 1451 人；专任教师 140 人，其中一类模式 107 人，二类模式 33 人。与五年前相比（实施十五年义务教育前），独立设置的幼儿园由 64 所增加至 337 所，增长 526.56%；在园幼儿由 3582 人增加至 28158 人，增长了 786.09%；幼儿园教职工人数由 729 人增加至 1396 人，增长了 191.49%；幼儿园专任教师由 564 人增至 1109 人，增长了 196.63%；园舍面积由 74596 平方米增加至 158907.67 平方米，增长了 213.02%；学前一年毛入园率由 45.3% 提升到 92.5%，学前三年毛入园率由 32% 提升到 78.3%。

3. 办园条件

2016 年，阿坝州幼儿园占地面积 28.57 万平方米，其中绿化用地 3.62 万平方米，运动场地面积 9.06 万平方米；校舍建筑面积 15.89 万平方米（含租借校舍 2.96 万平方米），其中教学及辅助用房 11.46 万平方米，行政办公用房 0.95 万平方米，生活用房 2.13 万平方米，其他用房 1.35 万平方米。图书存量 14.9 万册，数据库 293 个，电子图书 6291 册，音视频存量 10618 小时。在学校卫生情况方面，幼儿园有自水源学校 195 个，网管供水 141 个，无水源 1 个；有卫生厕所 166 所，非卫生厕所 161 所，无厕所 10 个。

4. 队伍建设情况

一是基本情况。阿坝州现有幼儿园园长 120 人，其中女性 83

人，注重幼儿园班子队伍的年龄、学识、专业技能的合理搭配；坚持选优配强，幼儿园领导班子、幼儿园园长的提拔均采取竞争上岗、谈话推荐等方法选拔和任用幼儿园园长。2017 年阿坝州有教职工 1396 人，专任教师 1109 人，其中女性 1069 人。专任教师中大专以上学历 89.18%，具有中学高级专业技术职务的教师 41 人，小学高级专业技术职务的教师 37 人，小学一级专业技术职务的教师 348 人，小学二级专业技术职务的教师 17 人，未定职级的 486 人。年龄在 24 岁以下的 262 人，25～29 岁的 220 人，30～34 岁的 212 人，35～39 岁的 160 人，40～44 岁的 115 人，45～49 岁的 89 人，50～54 岁的 51 人。学前教育师生比为 25.29∶1，学前教育专任教师年人均培训次数为 4.77 次/人。阿坝州有保育员 83 人。

二是双语保教人员情况。在园双语学前教师 559 人，其中少数民族教师 511 人，占双语学前教师的 91.41%。

5. 教研队伍基本情况

目前阿坝州无专任的双语教研员。所有双语学前教育教研工作均由其他教研员兼任。双语学前教育兼任教研员按照工作计划开展教研活动，部分县（市）全年开展四次以上的学前教育教研活动，工作任务重的县开展两次以上学前教育教研活动；无双语学前教育教研员的获奖情况；从未开展过双语学前教育教研员培训；条件具备的幼儿园均设立了教研组。

6. 教材、教学资源的使用和幼教活动开展情况

2014 年，阿坝州依序编译并且正式出版五大类"双语读物"包括：幼儿教学类、幼儿读物类、幼师教材类，影像作品类和中

小学教材类等种类；另外，还翻译制作《三毛从军记》影像光碟 2000 张。所有的编译读物均由阿坝州编译局负责发放至幼儿园免费循环使用。双语幼儿园根据自己的实际情况，自行采购幼儿读物。双语幼儿园将健康、社会、科学、语言、艺术五大领域的发展目标融入日常保教活动中，在一日保教活动中培养发展幼儿健康、社会、科学、语言、艺术的能力，阿坝州双语幼儿园基本克服了"小学化"倾向。

7. 学前教育管理制度建设情况

按照"谁主管、谁负责""谁开办、谁负责"的原则，切实加强幼儿园管理，努力提高保教质量。第一是坚持"以县为主"，全面实行园长负责制与园务会、教代会"三位一体"的管理体制，加强幼儿园内部管理体制改革，完善管理制度，健全考核、奖励制度，充分调动教职工的积极性和创造性，稳定教师队伍。第二是根据《3—6 岁儿童学习与发展指南》要求，科学开展保教活动，把开展趣味游戏、益智游戏作为幼儿教育的基本形式，学前教育"小学化"倾向在一定程度上得到纠正。第三是严格执行督导检查和年检制度，把督促、指导幼儿安全、教育教学、食品卫生等工作落到实处。第四是建立省级、州级示范园对口帮扶薄弱镇区幼儿园，县城幼儿园示范辐射多镇中心幼儿园、城乡幼儿园交流学习制度，充分发挥中心幼儿园的示范指导职能，加强对村级幼儿园的管理和指导。第五是符合条件的幼儿园均成立了党组织、工会、共青团，设立专门的财务管理和设施设备管理人员，建立了财务人员工作制度、设备设施使用的工作制度。除了建立外出培训制度，确认培训要求和培训纪律条件具备的幼儿园均成立园务委员会，还要明确园长、副园长、保教主任等园务委员会工作人员的职责。

8. 双语幼儿园食品卫生安全情况

幼儿园要建立食堂食品卫生安全保障机制，并建立食品留样和品尝、食品采购、加工、食堂的卫生标准等相关制度。科学合理地制订幼儿的周食谱计划，并及时将周食谱计划向幼儿家长公示，接受幼儿家长的监督。定期开展幼儿健康检查，定期为幼儿做好传染病的预防接种，并建立幼儿健康卡或档案。

9. 经费保障机制

2016 年，阿坝州共计投入学前教育经费 22.2 亿元。其中财政性投入 21.2 亿元；本级财政投入 7430.42 万元，上级补助 4111 万元。阿坝州学前教育实行"一免一补"全覆盖，即免除阿坝州学前教育在园幼儿保教费每生每年 750 元（其中省财政承担 500 元，州县财政以 3：7 比例共同承担 250 元）；给予学前教育在园幼儿午餐补助每生每年 600 元（县财政承担，含民办幼儿园）对经教育部门批准设立的民办幼儿园，按公办幼儿园的财政补助标准给予等额补助，其收费标准高于财政补助标准的部分，由幼儿的家庭自行承担。

（三）阿坝州推动学前教育的现况

近年来，阿坝州按照教育部、国家发展改革委、财政部联合印发的《关于实施第二期学前教育三年行动计划的意见》，大力实施学前教育优先发展战略，把学前教育作为教育发展的重要基础，积极创新村级幼儿园办园机制，理顺管理体制，多渠道筹措发展资金，全方位整合教育资源，有力地推动全州村级学前教育发展。

第一，规划及当前项目"实施阿坝州第一、第二期学前教育三年行动计划"已全面完成，目前正在制定第三期学前三年行动计划，待省教育厅下达第三期学前教育三年行动计划后，结合省厅的目标任务，修改完善后下发实施。2016年国家双语学前教育相关项目已按要求全面落实到阿坝州双语幼儿园。到2020年，阿坝州学前教育三年入园率达到80%，学前教育两年入园率达到85%，学前教育三年入园率达到90%。

第二，双语学前教育管理体制。全州结合学前教育发展，实际坚持"公办为主，民办为辅"的办园管理体制，坚持"以县为主"的办园管理模式，县级相关职能部门各司其职，协同配合，共同推动学前教育发展。按照《阿坝藏族羌族自治州十五年义务教育经费保障机制实施意见（试行）》，给予全州所有在园幼儿每生/年750元保教费（其中省财政承担500元，州县财政以3∶7比例共同承担250元），给予每生/年600元午餐补助（县财政承担）。每年州、县两级教育督导部门都会对全州学前教育发展情况进行一次督导检查。

第三，硬件建设需求。《阿坝州第三期学前教育三年行动计划》中，规划新建幼儿园97所，附属幼儿园89所，建设总资金49012.6万元，其中园舍建筑面积为80743平方米，利用闲置校舍改扩建园舍面积6004平方米，在中小学增设附属幼儿园园舍面积6039平方米。全州无专门的双语幼儿新建扩建双语幼儿园园舍及活动场地计划、玩教具购置配备计划及投资概算。此外，笔者整理阿坝州州政府其村级学前教育的发展现况，内容如下。

1. 立足实际分区规划，全域化统筹发展

充分考虑阿坝州地理沿革、民族文化、经济基础等特点，将13县分为东、中、西三个片区，坚持政府是学前教育发展的责任主体和工作主体，积极探索政府统筹、多元发展的办园模式，加速发展学前教育。

第一是根据东部4县（汶川、理县、茂县、九寨沟县，均为汶川特大地震重灾县）基础设施较好的特点，确立"一园一品、内涵发展、办出特色"的发展思路，深挖发展潜力，打造特色品牌。在办好公办园的基础上，支持民办园发展，探索公办民营、民办公助等发展模式。现有"一村一幼"144所，教职工623人，学生10719名。

第二是针对中部5县（马尔康、金川、小金、松潘、黑水县）山高坡陡谷深、交通较为不便的特点，确立"大村独办、小村联办、就近入园、均衡发展"的思路，重点发展村级幼儿园、打造县级示范园，以点带面、点面结合。坚持公办、民办互补原则，鼓励企事业单位、社会团体和个人举办多种模式的学前教育机构，建立"以奖代补"机制，在经费减免、政策扶持上与公办园同等。现有"一村一幼"35所，教职工493人，学生9226名。

第三是考虑西部4县（阿坝、若尔盖、红原、壤塘县）经济基础薄弱的特点，确立"政府投入、教育主抓、社会参与"的发展思路，重点办好公办幼儿园，妥善解决办园条件和师资问题，力求建设一所、办好一所。现有"一村一幼"137所，教职工280名，学生8243名。

2. 立足根本综合保障，多元化支撑发展

第一是加强制度建设。2013 年，阿坝州实施《阿坝藏族羌族自治州教育条例》，以立法形式，明确实施覆盖学前教育的十五年义务教育。先后出台《推进"一村一幼"学前教育工作的指导意见》《学前三年义务教育园点布局规划》《阿坝县 2017 年十项民生工程及 19 件民生实事实施方案》等系列配套文件，从制度上保障推进村级学前教育发展。

第二是加大投入力度。坚持"保基本、广覆盖、多形式"原则，通过政府投入、举办者筹资、社会捐助等方式，加大学前教育投入力度，着力改善幼儿园办学条件。同时，全面启动"一村一幼"建设，充分利用村活动室、闲置校舍等资源改扩建村级幼儿园，健全了州、县、乡、村四级学前教育服务体系。2011 年以来，阿坝州共整合资金 2.1 亿元，改扩建公办幼儿园 462 所。

第三是强化政策支持。积极争取资金，全面实施学前教育"一免一补"政策，即免除公办、民办在园幼儿每生每年 750 元保教费，给予每生每年 600 元午餐补助。

通过制度建设、政府投入、政策落实，切实减轻了农牧民的经济负担，农牧民送子女入园的积极性空前高涨。

3. 立足传承人本保教，特色化融合发展

为防止幼儿园"小学化"，阿坝州积极倡导"因地制宜、以人为本、传承文明、凸显特色"的办园思想，以立德树人为目标，以游戏和双语教育为主要形式，充分利用本土资源开发课程、创设环境，做到了教育情境化、生活化；充分考虑幼儿期爱国主义和民族团结教育的重要性和特殊性，做到了教育儿童化、

实效化；充分运用现代教育技术和民间传统玩具，做到了保教活动游戏化、趣味化。同时，为推动全州幼儿双语教育发展，2015年阿坝州自筹资金 500 万，编译出版了 56 套藏汉双语幼儿读物，并投入幼儿园使用，对规范藏文教学、改善幼儿双语语言环境、提升保教质量起到了积极的推动作用。汶川县、理县将博巴森根、羊皮鼓舞、羌绣、押加、推杆等民俗文化和传统体育融入村级幼儿教育活动中，有力推动了民族地区幼儿园的特色发展。

4. 立足质量加强建设，专业化推动发展

以提高教师素养和业务能力为核心，切实加强幼儿教师队伍建设，提高学前教育专业化、规范化发展水平。第一是充实人员。通过公开招聘、转岗培训、大学生村官顶岗、政府购买服务等措施，吸引阿坝州籍幼儿教师回州创业就业，多措并举解决师资问题。第二是加强管理。各县均设立了学前教育股，配备了幼教若干，具体负责指导学前教育工作，形成了州、县、乡、校四级管理、培训和教研网络，充分发挥了县（乡）中心幼儿园的示范引领作用。第三是注重提升。大力提倡"以城带乡，以点带面，以优带弱"的"1＋N"帮带机制，组织村级幼儿园教师到县、乡幼儿园跟岗锻炼，选派县级幼儿园优秀教师到乡村幼儿园挂职指导、示范教学。近三年来，阿坝州开展国、省、州级等类的幼儿教师专业培训 1304 人次，基本可达到所有村级幼儿教师全员轮训一次，并能有效提高村级幼师队伍的专业化水平。

除了上述四项阿坝州学前教育的发展现况之外，笔者调研发现，阿坝州在探索推行村级学前教育的工作中，更大量积累了解决农牧区幼儿入园难的成功经验。

（1）改善民生、长治久安是发展藏区学前教育的根本任务。从学前教育在教育体系中的地位来看，学前教育是教育事业的开端，其成效会造成一种"累积性循环因果效应"，直接影响着其后各级教育的质量。从幼儿身心发展规律来看，幼儿可塑性大，是其身心发展的关键期，正规教育的早期介入可有效弱化家庭和社会环境的不利影响，否则后期的补救代价极其高昂。从学前教育的家庭和社会效益来看，国外一项长达 40 年的成本—效益追踪研究表明：接受优质学前教育的儿童与未接受学前教育的儿童相比，其学业成就、就业率和经济收入高，犯罪率低，同时具有解放劳动力、提高家庭收入并促进社会稳定的效益，其教育投入的回报率高达 1∶17.07。因此，正如经济合作暨发展组织（Organization for Economic Cooperation and Development，OECD）报告所指出的，学前教育是"从投资中获益最多的教育阶段"；大力发展学前教育，特别是发展薄弱的村级学前教育，是在源头上推动藏区长治久安和民生改善的英明决策。

（2）政府主导、义务教育是发展藏区学前教育的主要途径。从世界范围来看，大多数国家都将学前教育作为国家的公共事业或准公共事业纳入学制系统，并作为或基本等同于义务教育。从近年来我国学前教育政策来看，学前教育已纳入教育基本公共服务体系，政府主导的体制也已基本确立。从教育州情来看，教育整体发展水平不高、村级学前教育尤其薄弱并制约教育整体发展的困境，要求政府必须主动作为，加快村级学前教育发展步伐；同时，"全国基本普及九年义务教育"的溢出效应让广大农牧民形成了一种读书免费的观念，将学前教育完全推向社会，这注定难以实现基本普及的发展目标。因此，阿坝州大力发展村级学前教育，走政府主导、纳入义务教育的道路，既是符合国家大政方针和阿坝州特殊州情的合理路径，更能让广大的农牧民子女接受优质、健康的启蒙教育，为培养合格的社会主义接班人奠定扎实基础。

（3）规划试点、阶梯渐进是发展藏区学前教育的必要步骤。发展村级学前教育是一项系统化、渐进性的工程，加之藏区学前教育本来就基础薄弱，广大基层特别是牧区发展严重滞后。因此，藏区的学前教育发展并非一蹴可及，应本着"立足当前、适度超前、总体规划、分步实施"的推进原则，按照幼儿培养周期以三年为一个规划阶段，依照"软硬件相互促进、政策导向有所侧重"的发展思路，有层次、有阶段、有针对性地进行攻坚。

（4）合理布局、整合资源是发展藏区学前教育的现实选择、地广人稀是藏区最突出的特征，因此，学前教育资源不能以行政区划为配置标准，绝对的"一村一幼"是不可取的。在校点建设上，应该把幼儿园规划和"新农村建设""牧民定居行动""帐篷新生活""三百示范工程""幸福美丽家园建设""十九件民生工程""扶贫攻坚计划"等基层民生工程结合起来，整合资金项目资源，实行规划配套建设，并充分利用村小闲置校舍、村民活动中心、基层党员远程教育中心等公共资源解决校舍问题，以"一村一大"、"9＋3"应往届毕业生、藏区籍大中专应届毕业生为教师招录重点，以双语教育为教学手段，注重质量提升和内涵发展，构建科学合理的学前教育体系。

（四）阿坝州推动学前双语教育的情况

2015 年 3 月 11 日至 14 日，阿坝州委组织州教育局、州编译局在牧区四县开展了"阿坝州幼儿双语读物试用工作启动仪式"。在仪式现场向参与活动的幼儿、学生家长和群众赠书。此次"阿坝州幼儿双语读物试用工作"所发放的幼儿双语试用读物共有七大类600册，发放的试用读物书目包括幼儿园全能开发系列之《我×岁了》（《我3岁了》《我4岁了》《我5岁了》《我6岁了》）；幼儿潜能开发阶段丛书之《我小班了》《我中班了》《我大班了》，少儿读物《我的美梦》《为啥要打预防针》《我的206块骨头》；儿童绘本《快乐儿童的7个习惯》《藏文识字课本》，试用的幼儿读物有藏汉双语两种文字，对增加学前学生学习藏语和汉语会有一定的帮助。例如，图4-3是阿坝州提供给幼儿园所使用的绘本，这是一本藏文为主的儿童绘本。阿坝州在推动幼儿园双语教育采取的是藏汉两种文字，幼儿园教师可以透过不同的文字所呈现出来的民族文化特色，来帮助学生认识不同文化的特点，进而达到认识多元、尊重多元，以培养学生具备中华民族共同体意识。

图4-3　阿坝州使用的双语教育儿童绘本

"阿坝州幼儿双语读物试用工作启动仪式"之后，阿坝县铁穷瓦村和塘壤县茸木达村幼儿园的学生们接到了幼儿双语读物，他们自觉地打开读物，认真翻阅，脸上洋溢着幸福的笑容。在红原县幼儿双语读物试用工作的启动仪式上，一位教师这样说："州委、州政府组织的这次读物翻译工作，真是想教育之所想，急教育之所急。读物正式投入使用后，将解决双语教辅资料少，可供教学参考和使用的辅助性读物匮乏这一制约教学质量提升的问题，我们一定会把州委、州政府的关爱转化为工作动力，尽心尽力教书育人，为民族教育工作做出自己应有的贡献。"若尔盖县唐克镇九年一贯制学校校长泽仁达吉说："近几年牧区双语教育快速发展，特别是实施十五年义务教育以来，家长送子女入学的热情高涨，学生入学率和巩固率有了较大提高，但由于双语教辅资料和读物较少，很大程度上制约了双语教学质量的提升，双语幼儿读物的赠发，可谓是狠抓双语教学质量的提升。"

阿坝州启动了赠与幼儿双语的读物试用工作仪式之后，学生、教师、家长都在双语教育上受益颇多，以下针对几位教师对于双语幼儿教师的教材所撰写的研修日志作一分析：

教师 A：

有幸参加了为期四天的双语幼儿教师教材及试用读物的培训，让我受益匪浅。教师是一个神圣的职业，当一名教师容易，当一名好幼儿教师却是那么的不易。通过这次培训，我受益颇多，这次的培训让我对教育的价值又有了更深刻的理解，进一步明确教育的目标，不仅要学会学习，还要学会做人和学会生活。

我们是孩子的榜样，应该做一个有礼有节的人，而且在新的教育时期，做一名合格的幼儿教师不但需要有幼儿教育方面的特点，更需要有自己的特长，同时作为幼儿园里的一分子，我们必须尊重自己的职业规律，集体的团队意识，维护幼儿集体的荣誉。

我们幼儿教师的执教能力不仅需要先进的理念，高超的技术，还需要对孩子全身心的热爱，无私的关怀。我们更积极地去实践教师职业道德规范，迅速提高自身的思想道德素质，明确在教育过程中应该以什么样的职业道德思想、情感、态度、行为和作风去接待人物、处理问题、做好工作，为家长服务。我们也明白了良好的师德是敬业爱岗、无私奉献的内在动力，是挖掘教师潜能的不竭源泉。我们愿意做儿童世界的守护盾。

通过此次学习，使我懂得：我们以一个合作者的身份，本着以幼儿为本的思想，热爱每位幼儿，接纳每一位幼儿的个性特点，采取有效的教育措施，设计出在游戏中个性浓、活动性强的、渗透于生活的各种教育活动，让幼儿在玩中学，在学中玩！争取把每位幼儿都培养成一个活泼开朗的、有自己个性特点的孩子。

根据教师 A 的日志可以发现，参加培训有助于提升教师自身的专业素养，对于州内所要开展的幼儿双语教育使用的教材和读物的培训内容，可让更了解只有从学生本位出发，才能设计符合学生的教育活动和教学内容，因此，开展相关的双语教育教师培训，对于落实州政府的双语教育政策事半功倍。

教师 B：

　　回顾当天的学习经历，也不乏成功的案例可以参考，把作业当作应尽义务，学会相互评价，通过培训了解首批读物，分析试用园情况，分析活动资源，尝试活动设计，分享在研课题，同时也了解首批读物的名称以及幼儿园全能开发系列，也知道家长与老师的参与对于孩子来说至关重要，养成独立思考的习惯，搭建家长和孩子之间的交流平台，主要目标是培养孩子的语言能力，逐渐形成较好的表达能力，可反复练习，这些都是为了丰富我们藏区幼儿的藏语读物，提升藏区学校的教学质量，让我们藏族幼儿更好地学习本民族的语言文字，也重点围绕藏族幼儿们德、智、体、美、劳全面发展的行为养成教育，为此也感谢州教育局和州编译局的相关领导们对这方面的重视。

　　关于幼儿园教材的使用，目前存在的争议。有不允许在幼儿园使用教材的禁令，而且幼儿园课程是帮助幼儿获得有益经验的全部活动，是关于目标、内容、方法、评价的一个系统，在建构课程的方式上，通过这次培训也深深地知道，选择一种或几种活动资源不一定科学。选择一种科学的基础活动资源加上特色活动资源，确定幼儿园的目标体系，选择基本合适的活动资源，制定幼儿园的目标体系。除此之外，还加深了幼儿园教育与家庭教育的完整结合，建立家园联系，增进了解的桥梁，将教育的范围扩展到家庭当中，更好地促进了幼儿的全面持续发展。

　　另外教师 B 在研修日志中提到："……关于幼儿园教材的使用，目前存在的争议。有不允许在幼儿园使用教材的禁令，而且幼儿园课程是帮助幼儿获得有益经验的全部活动……"但是参加州政府所举办的教师培训，让他具备了选择有效的教学资源的能力，以帮助学生学习和成长；还有他也建议培训对象的范围可以延伸到家庭、社区机构等人员，如此，更能够促使幼儿教育体系形成"家庭—学校—社区"的三维合作关系。

教师C作为一名农村幼儿园的新手教师，认为幼儿园里面的软硬件资源都不太充足，而且家长对于幼儿教育的认知不够全面，但是借由参加教师培训，他透过与同辈合作、交流，帮助自己的专业获得迅速成长，并且也能够成为一名协助州政府推动幼儿双语教育的高素质教师，因此，笔者认为国家或相关教育机构都能够做为基层教师强有力的后盾，为民族地区提供更为丰富、具体的教育资源。

教师C：

　　我很荣幸参加了阿坝州牧区双语幼儿教师教育及试用读物培训，作为一名刚刚从事幼儿教育的新教师，我感觉肩上的责任重大，如果没有一个扎实、良好的初始启蒙教育，就会影响其后乃至一生的发展。我是一位农村幼儿园的新任教师，由理论突然转到实践，使我自己有点摸不到头脑，不知道如何来对幼儿开展教育，农村由于各种因素的影响，使得现在的教育模式还处在一个偏向小学化的上课状态，但是农村幼儿园的硬件落后以及各种玩具的缺失，再加上农村家长对幼儿园教育的一种不理解，这都给我们工作的开展造成了很多的障碍。现在国家加大了对幼儿教育的投资以及重视，这使得我们幼儿教师得到了很大的鼓舞。

　　通过牧区双语幼儿的教师培训学习，使我深深地认识到这是给我们提供一个多样化平台，通过理论学习，与同行们研讨、交流，以及对自己教育教学方式的反思，发现自己在教育教学中有许多不足之处，也找到了在教育教学中解决问题的方式、方法和自己努力的方向。我们要充分信任孩子，相信孩子有学习的能力，把机会交给孩子，从孩子的角度去看孩子的生活。

　　感谢这次培圳平台给了我学习的机会，让我收获了更多的知识，感谢付出智慧和辛苦的教育专家和同行们，让我体会到了作为一名教育工作者具有无限的人生、无限的风景。在以后的工作中，我也会结合农村的实际情况，为努力成为一名优秀的农村的幼儿园教师而奋斗。

教师 D 在研修日志中认为，可以将民族文化融入幼儿园的教学活动当中，包括以下四种：第一种是音乐、舞蹈类；第二种是美术类；第三种是语言类；第四种是体育与游戏类。幼儿园教师可以在上述四种活动中将幼儿园创设成具有民族文化特色的教育场所，如此借由"境教"功能让民族地区的双语教育更有其文化氛围和底蕴。

教师 D：

　　此次的学习，我不仅学到了很多的新知识，还发现了自己很多的不足。我认为，目前幼儿园存在以下现状：（1）社会对幼儿教育的认可与重视；（2）本土民族文化资源丰富；（3）本土民族风俗气息浓郁。所以我觉得可以在幼儿园里提出解决的策略：第一，充分挖掘本土民族文化资源并进行再创作：一是收集本土民族文化资源，二是筛选收集的素材，三是建立和丰富本园民族文化资源库，四是民族文化素材的进一步筛选。

第二，可以将民族文化元素融入幼儿园教学活动中：

1. 音乐　2. 歌舞　3. 舞蹈　4. 欣赏　（音乐、舞蹈类）

1. 绘画　2. 羌绣　3. 其他手工　4. 欣赏　（美术类）

1. 故事　2. 儿歌　3. 民族文字符号及口语　（语言类）

1. 户外游戏　2. 其他游戏　3. 改编锅庄　（体育与游戏）

第三，这次的学习，让我觉得创设具有民族文化特色的幼儿园环境很重要：（1）确定本园环境所要体现的文化；（2）根据本园不同区域的需求进行创作。

（五）阿坝州学前教育发展过程中存在的问题

笔者整理相关材料发现，阿坝州在优化学前教育环境方面已经大量投入人力、物力和资金，但是，目前阿坝州的学前教育仍存在以下问题。

1. 教职工严重匮乏

根据教育部关于印发《幼儿园教职工配备标准（暂行）》（教师〔2013〕1 号）文件提及保教人员的配备标准（保教人员与幼儿比 1∶7）核算，阿坝州应配备幼儿园教职工 3975 名，实际核定编制 1289 名，缺编高达 2686 名，对于目前的阿坝州学前教育师资不足的问题仍有很大的努力增聘空间。

2. 抙注资金不足

由于阿坝州的人均国内生产总值（GDP）基数小，财力弱，学前教育投入不足，导致村级幼儿园基础设施条件得不到全面改善，部分园舍建设面积、室内外场地条件均未达到国家规定的标准，牧区四县双语幼儿读物和教师教学用书严重缺乏，部分幼儿园的基本设备设施无法达标。村级幼儿园建设经费保障乏力、长期维系存在困难。

3. 区域发展不均

阿坝州的村级学前教育发展不均，农区优于牧区、公办优于民办的情况较为突出。特别是受资金投入等条件制约，村级民办幼儿园发展相对滞后，部分园舍不达标，设施设备落后，还存在食品卫生、消防设施、幼儿接送等方面的安全隐患。

4. 保教质量不高

近几年，阿坝州学前教育受编制影响，为解决幼儿教师紧缺的问题，只能从小学转岗了一部分老师，充实幼儿教师队伍，虽然对这些老师进行了转岗培训，但绝大多数教师的教育理念未能转变，无法适应幼儿园的教育教学工作，用教小学的办法来教幼儿，加之部分聘用人员缺乏专业的幼教知识，无法按相关要求从事保教活动，存在一定的小学化倾向，制约民族地区村级幼儿园保教质量的提升。

5. 无结对帮扶机制

民族地区的教育与内地相比差距较大，加之学前教育起步较晚。又受政策、编制、资金的制约，发展水平参差不齐，但教育结对帮扶只帮扶到乡镇幼儿园，缺乏有针对性的村级幼儿园帮扶机制。

（六）阿坝州幼儿园的双语读物使用试点工作后续工作

笔者调研得知，阿坝州将幼儿双语读物进行试点方式，可让幼儿园教师能够使用更为合乎国家政策、规范的双语教学教材，并且让幼儿园里的学生、家长们提高有效参与双语教学的比例，促使相关政府行政机关、教育机构能持续完成以下工作。

1. 精心组织，广泛宣传

结合试点工作情况，把幼儿双语读物的发放使用作为提升学前教育质量的抓手，着力推进，精心组织、合理安排。一是有序组织幼儿、学生、家长及广大群众积极参与发放使用活动。二是及时做好编译读物赠书活动的宣传报道工作和使用引导工作。三是每个试点县选择 1～2 所幼儿园进行首批读物试用工作的县级启动仪式，确保发放、使用工作的群众参与度和知晓率。

2. 加强管理，强化考核

一是各中小学和幼儿园将按照图书管理的要求，及时归入图书室规范管理，建立和完善试用读物的登记、使用制度，并作好使用情况的相关记录。二是试点县教育局、教研部门将安排专人负责指导读物试用工作，每月收集、整理教师、家长对首批试用读物使用的意见，并将意见和建议及时整理，认真研究。三是试点县教育局、教研部门将组织相关业务科室和教研人员对使用效果进行跟踪督导和综合评估，并将读物的使用情况纳入州对县、县对校的目标考核，将目标任务细化和具体化。

3. 强化培训，注重推广

阿坝州在 3 月 24 日组织幼儿教育和编译专家，对四县试点幼儿园的 60 名幼儿教师和县级幼儿骨干教师进行为期 3 天的读物试用工作培训。州级读物试用工作培训结束后，试点县将在四月中旬组织县内的幼儿教师进行试点使用培训，培训覆盖率应达到县内所有幼儿教师的 70% 以上。待所有编译读物投入试点后，州教育局和州编译局将组织双语学校和幼儿园的师生开展题为"我为新书提建议"及"我与新书的故事"等的主题征文活动，充分调动广大师生使用读物的积极性，鼓励师生发现读物翻译中的错误和问题，推动翻译读物质量的提升。

第五章　学前民族文化课程的个案研究
——以凉山彝族自治州为例

一、我国民族地区幼儿园课程资源开发背景和意义

教育部 2001 年颁布的《幼儿园教育指导纲要（试行)》明确指出：要充分利用各种资源与幼儿的生活建立关联，丰富幼儿的生活体验，开发与幼儿生活相联系的课程❶。我国地域广阔，呈现出地域生态多样性与文化多样性的特质，因此需要各地区和学校根据其文化生态等实际情况来开展基础教育。然而，由于我国民族地区多处于边疆或偏远的农村地区，经济发展相对迟缓，艰苦的地域条件和薄弱的经济基础导致民族地区学前教育发展水平明显落后于其他地区，而师资力量的薄弱、家庭对学前教育的忽视，也在一定程度上影响着民族地区幼儿教育质量的提高❷。透视制约民族地区幼儿园课程发展的因素，不难发现，教育观及

---

❶ 米瑞芬. 蒙古族幼儿园教师在课程资源开发中的专业发展研究 [D]. 呼和浩特：内蒙古师范大学，2010.

❷ 李晓梅. 加强民族地区幼儿园课程建设的四点建议 [N]. 中国民族报，2009 – 10 – 12.

课程观的革新与转变是关键。因此，基于国家《幼儿园教育指导纲要（试行）》下进行的幼儿园校本化课程实施，以开展适合的幼儿教育内容，从而促进幼儿的身心全面均衡和谐发展。

少数民族有属于自己独特的传统文化，现代主流文化以各种方式改变着少数民族固有的表达方式，因此必须在文化变迁之中保护少数民族的文化，加入教育的介入与干预，从而传承、发展和创新民族文化。凉山彝族自治州作为全国最大的彝族聚居区，具有丰富多彩的地域文化。文化是一种重要的教育资源，课程是文化的重要媒介。此外，班克斯·詹姆斯表明多元文化教育的目标就是："为了来自不同群体的学生争取平等的教育机会，以及帮助所有的学生启发知识、技能和态度并在未来的社会中生存；同时他也强调多元文化教育的对象不只限于少数族群的学生，而是为全体学生所规划。"❶ 另外，教育人类学家滕星的研究亦指出，教育中的文化不连续性会造成儿童出现文化适应困难，这将不利于幼儿学习与发展❷，因此，民族文化课程对于幼儿教育意义重大。民族文化课程资源开发中，教师是其关键和主体。幼儿教师的态度、素质能力等直接关系教育教学质量，民族地区幼儿园在高效开发与利用民族文化课程资源时，首先得了解教师的态度和能力。

---

❶ 巫钟琳. 幼稚园教师多元文化教育观点之个案研究 [J]. 幼儿教保研究期刊，2018（2）：119－130.

❷ 滕星. 教育人类学通论 [M]. 北京：商务印书馆，2017.

二、幼儿教师对民族文化课程态度分析

文化是一群人共同生活的经验与习惯，我们可以反问自己，每年庆祝的重要节日与食物、穿着特殊服装、和他人应对进退的礼节与上述这些背后的含义，再次确认自我的文化内涵，以及察觉个人的文化差异❶。对于少数民族而言，多元文化教育则提供一个建立文化认同的机会。人在认识外在世界时以其背景知识（background knowledge）为基础，当新事物的认知与自身的旧经验相符时，类化功能将会发生效力，反之亦然。倘若幼儿教师在园所的日常活动中以自身文化的特定看法或方式来教育幼儿，却往往没有发觉其隐含的、强烈的、主观的价值判断，理所当然的认为教学方式、课程排定以及常规设立就是如此，没有顾及学生家庭文化的去脉络化之幼儿园情境，对其学习极为不利，是以，唯有建立一间文化上安全的教室（a culturally safe classroom），少数民族幼儿的心中才能感受到真实的安全情感，这正是其建立多元文化认同的初始。让少数民族幼儿感受到情意支持的一间教室（an emotional support classroom），其认知过程才不会产生惶恐，真正的学习得以实现，避免"被同化"（assimilated）的窘境发生。

本书主要采用两种研究方法，第一，问卷调查法：本书采取分层结合整群抽样策略，对四川凉山彝族自治州 17 个县市的幼

---

❶ 巫钟琳. 幼稚园教师多元文化教育观点之个案研究 [J]. 幼儿教保研究期刊，2018（2）：119–130.

儿教师进行了调查。采用自编问卷，实发问卷 350 份，回收有效问卷 310 份。问卷共分为两个部分：第一部分为被调查者的基本信息；第二部分为问卷的主体部分。第二，文件分析法（Document Analysis）：本书依照研究目的，透过在凉山州的幼儿园所搜集的有关民族幼儿教育课程的材料，从中进行统整和归纳。以下分别对两种研究方法的内容进行说明（见附录）。

（一）幼儿教师对课程资源开发态度调查分析

1. 凉山彝族自治州幼儿教师的基本情况

表 5 - 1 是本书抽样教师的基本情况，包括：年龄、教龄、学历、民族、地区等五项。

第一项，年龄的分类：20 岁以下有 13 人（占 4.19%）；20 ~ 25 岁有 60 人（占 19.35%）；25 ~ 30 岁有 45 人（占 14.52%）；30 岁以上有 192 人（占 61.94%）。

第二项，教龄的分类：教龄 1 年以下有 28 人（占 9.03%）；教龄 2 ~ 5 年有 70 人（占 22.58%）；教龄 5 ~ 10 年有 46 人（占 14.84%；最后教龄 11 年及以上的教师有 166 人（占 53.55%）。

第三项，学历的分类：抽样的样本当中没有初中及以下学历的教师；高中或中专学历的教师有 46 人（占 14.84%）；大专学历的教师有 199 人（占 64.19%）；本科及以上学历的教师有 65 人（占 20.97%）。

第四项，民族的分类：在样本当中，彝族教师有 149 人（占 48.06%）；汉族教师有 149 人（占 48.06%）；其他少数民族的教师有 12 人（占 3.88%）。

第五项，地区的分类：抽样的教师来自农村的有 50 人（占 16.13%），来自城镇的有 260 人（83.87%）。

表5-1　抽样教师的基本情况

分类		人数	比例（%）
年龄	20 岁以下	13	4.19
	20~25 岁	60	19.35
	25~30 岁	45	14.52
	30 岁以上	192	61.94
教龄	1 年以下	28	9.03
	2~5 年	70	22.58
	5~10 年	46	14.84
	11 年及以上	166	53.55
学历	初中及以下	0	0
	高中或中专	46	14.84
	大专	199	64.19
	本科及以上	65	20.97
民族	彝族	149	48.06
	汉族	149	48.06
	其他少数民族	12	3.88
地区	农村	50	16.13
	城镇	260	83.87

2. 幼儿教师对课程资源开发态度调查现状分析

幼儿教师对民族文化课程资源开发态度的调查，主要从教师对课程资源的认识、教师开发课程资源的情况和对开发利用课程资源的评价及反思三个方面着手，下面将从这三个方面对调查结果进行阐述。

（1）教师对课程资源的认识情况分析。

① 教师对民族文化的了解。

当教育考虑到文化的因素，就是承认学生发展除了具有个别差异外，也有民族文化上的程度差异。在民族地区对课程资源进行开发，首先必须要了解当地民族文化。由表 5 - 2 可知，在本书所抽样的教师当中，只有 10% 的教师非常了解当地民族文化，近六成的教师对当地的民族文化了解程度有待提升或加强（一般了解的教师 143 人，占 46.13%；较少了解的教师有 40 人，占 12.9%），通过调查，可知民族地区的教师对于当地文化的认识和理解，这对于开展教师深度开发课程资源可能会事半功倍。

表 5 - 2　问题"您对民族文化了解程度如何？"调查

选项	人数	比例（%）
非常了解	31	10
较了解	96	30.97
一般了解	143	46.13
较少了解	40	12.9
很不了解	0	0

② 教师对课程资源开发的价值认识。

唤起少数民族幼儿教师的文化自觉意识，是民族幼儿教师的内在需求，同时也是进一步推动教师专业发展的关键。基于民族文化开发幼儿教育课程资源是培养民族幼儿教师文化自觉意识的有效途径，在课程资源开发过程中，幼儿教师不仅能提升对本民族文化的了解和认识，还能在设计和研发课程中创生文化，实现文化的自我创建，最终推进民族幼儿教师的专业发展。在调查中发现，基本所有教师认为是有必要开发民族文化课程资源的。由表5-3可以发现，教师进行课程开发有利于幼儿的发展（占44.84%）；有利于教师进行专业发展（占33.23%）；有利于民族文化的继承与发展（占85.16%）；有利于因地制宜地利用教学环境（占64.19%），有效达成教学效果。因此，可以发现，教师理解课程对传统文化继承的重要性，但是在对如何促进幼儿的发展认识上仍有努力的空间。

表5-3　问题"您对开发学前民族文化课程资源的价值认识"调查（多选）

选项	人次	比例（%）
有利于幼儿的发展	139	44.84
有利于教师专业的发展	103	33.23
有利于民族文化的继承与发展	264	85.16
有利于因地制宜地利用教学环境	199	64.19
其他	25	8.06

③ 教师对民族文化课程资源开发主体的认识。

目前幼儿园通常将少数民族文化以活动课程方式进行融合与开展，但由于此类活动都不属于幼儿园的正式课程范畴，欠缺知识的结构性与系统性，往往活动结束，少数民族文化内涵对于教育活动缺少持续性的影响，成效有限。因此，教师应担任少数民族文化活动教材的设计者，将少数民族的历史文化、伦理观念、信仰、生活方式、艺术文化等，有系统性、结构性的编辑成书，以提供幼儿园在进行民族文化教学时可以使用。由表5-4可知，大部分教师都清楚自己是课程资源开发的主体（占75.48%），同时，由于领导和专家具有一定的权威性和影响力，领导（占

55.16%）和专家（占46.13%）在课程资源开发中亦占据重要的地位。

表 5 - 4　问题"您认为开发学前民族文化

课程资源的主体是?"调查（多选项）

选项	人次	比例（%）
教师	234	75.48
领导	171	55.16
专家	143	46.13
其他	80	25.81

④ 教师对民族文化课程资源开发内容的认识。

在问题"教材是否是唯一学前民族文化课程资源的来源?"中，仍然有一部分教师（29.95%）认为教材是唯一的来源，教师应该形成以幼儿为主体，综合利用多种课程资源的思维，创造性的使用教材。

由于如今幼儿园所开设的课程内容与教学方式与过去有很大不同，按照目前幼儿园所使用的教材无法满足教师开发具有民族文化的课程需求，因此，教师应参考民族文化基本教材，将民族历史文化、伦理观念、信仰、生活方式、艺术文化等，有系统性、结构性的认识和熟悉，以提供自身进行教学和课程开发可以符合民族文化的内涵。在教师对民族文化课程资源的理解中，主要有以下五大分类，包括：物力资源（建筑、生活用具等）、自然资源（动物、植物等）、风土人文资源（习俗、节日等）、民间文化资源（杂技、表演等）及其他。

从表5–5我们可知，绝大部分的教师都认为风土人文资源（占94.52%）和物力资源（占72.26%）是主要的民族文化课程资源。相比较来说，对于自然资源的认同较低（只占51.94%），说明教师对民族文化的课程资源的理解存在片面性，对自然生态的教育意义认识不够，而且对于民族文化课程资源欠缺系统的课程知识，所以对于在幼儿园落实民族文化的课程，推动起来往往无法因地制宜。

表5–5　问题"您认为在教材中所呈现的学前
民族文化课程资源的内容是?"调查（多选）

选项	人次	比例（%）
物力资源（建筑、生活用具等）	224	72.26
自然资源（动物、植物等）	161	51.94
风土人文资源（习俗、节日等）	293	94.52
民间文化资源（杂技、表演等）	212	68.39
其他	41	13.23

（2）教师开发课程资源的现状分析。

① 教师所在幼儿园对课程资源开发的情况。

在问题"您所在幼儿园是否制订了民族文化课程资源开发方案?"中，只有27.81%的教师能肯定幼儿园制订了相关的方案。在问题"您所在幼儿园的教学活动使用民族文化资源的占比如何?"中，较少幼儿园的教学活动使用了民族文化资源（见表5–6）。

表 5 – 6　问题"您所在幼儿园的教学活动使用

民族文化资源的占比如何?"调查

选项	人数	比例（%）
非常多	7	2.26
比较多	33	10.65
一般	118	38.06
较少	123	39.68
完全没有	16	5.16
不清楚	13	4.19

由于目前大部分的幼儿园较缺乏民族知识体系的课程，形成"各自表述"的课程，即民族教育课程的发展都是由学校领导者规划，领导者更换后导致课程无法维持连续性、统整性。此外，幼儿园在进行各类课程时，皆缺乏相应的民族教育文化教材，现有的文化教材尚嫌不足，幼儿园教师也没有足够的能力发展相关教材，往往会心有余而力不足。由上述两个问题可知，幼儿园对民族文化课程资源的重视不够，一半的幼儿园目前还没有制订民族文化课程资源开发的方案，而幼儿园在教学活动中也很少使用民族文化课程资源。

② 教师对课程资源开发利用的情况

在本文的问题"您在课程实施的时候会运用民族文化资源?"结果指出，在课程实施中，教师较少利用民族文化资源，只有1.6%和12.3%的教师比较常利用，有49%的老师几乎没利用过民族文化资源，这与幼儿园对民族文化资源利用程度趋于一致。假使幼儿园教师鲜少在教学进行时运用民族文化资源，对于学生之间的文化差异可能会忽略，并且会在教学过程中欠缺回应学生的社会及母文化的教学能力和方式，这样对于幼儿园学生而言，可能就无法有效统整学生的文化内容，包含行为、互动模式、期望与价值，文化内容、生活经验、知识、事件、楷模等议题，如此学生可能会缺乏高层次认知活动及思考的态度与能力。幼儿园的规划和领导对课程资源开发的态度将直接影响幼儿教师对课程资源开发的态度。

③ 教师经常利用的课程资源。

由表5-7的问题"您在课程实施的时候经常利用的课程资源是?"调查结果可知，有48.07%的教师在教学过程中经常利用的课程资源为教材，居各种课程资源的首位，其次是占26.13%的网络资源和占16.45%的地域性资源。这说明教师对课程资源的理解有了进一步拓展，综合地利用了其他课程资源。同时也说明教材是教师比较喜爱的一种资源方式，专家等可以开发民族文化课程的教材供教师教学参考和使用。另外，由于不同学生具有不同的学习形态，包含动机、环境、关系与知觉的偏好，不同民族学生就会因为生活脉络的不同，而产生不同的学习形态，因此教师在课程开发的时候，所使用的资源应该更为多元性、多样态，如此可以让师生互动更为熟悉彼此的语言使用技巧、沟通方式等。

表5-7 问题"您在课程实施的时候经常利用的课程资源是?"调查

选项	人数	比例（%）
教材	149	48.07
网络资源	81	26.13

选项	人数	比例（%）
公开课	17	5.48
地域性资源	51	16.45
其他	12	3.87

④ 教师培训与课程资源开发。

根据表 5-2 的内容可以发现，大部分的幼儿园教师确实缺乏民族文化相关知识，对于本地知识不了解的情形下，间接导致课程发展过程受到阻力，倘若教师本身无法体会学生的文化背景知识、生活经验与价值观对学习的影响，又如何能在教学时培养学生对自我文化认同？因此，教师培训有利于教师在开发民族文化课程时更专业化。在"您认为有必要对教师进行民族文化课程方面的培训吗？"的问题调查中，有81.95%的教师认为有必要对教师进行民族文化的培训。然而在实际中，教师很少参加相关的培训。在"您有参加过民族文化课程资源的培训吗？"问题调查中，41.71%的教师从未参加过民族文化课程方面的培训，35.29%的教师极少参加民族文化课程的培训。在"如果有机会，您愿意继续参加民族文化课程资源的培训吗？"的问题调查中，有82.89%的教师很愿意参加民族文化课程开发的培训。由此可知，目前教师对于民族文化课程资源有较高的参与意向，但是缺少机会。

（3）对开发利用课程资源的评价及反思。

美国教育心理学家布鲁姆将教育目标分成两个向度，知识内容向度、认知历程向度，若依此分类来看，课程内容较多属于事实知识（factual knowledge），即有关事件、位置、人、资料、资讯来源等知识，如新闻事件、自然资源、社区文化，就知识向度来看的确属于浅层知识，目前无法加深加广，因此，教师能够再以了解学生的沟通模式、文化内容、生活经验来设计并且进行课程开发，如此将有助于学生学习，另外教师对自己在课程实施中进行有效的自我反思，不仅可以提高教师课程实施的质量，而且可以促进教师的专业发展。根据笔者的调查"您对自己的民族文化课程教学效果会进行反思和改进"，调查结果表明，仅 19.79% 的教师经常对自己的民族文化课程教学效果进行反思和改进；49.2% 的教师偶尔对自己课程教学效果进行反思和改进。因此，引导教师自主评价及反思课程资源开发利用效果刻不容缓。

（二）幼儿教师对课程资源开发现状的文件分析

1. 推展民族幼儿课程资源的幼儿园简介

本书所分析的幼儿园（以下简称"A 幼儿园"）已经建立逾 60 年，其对于民族幼儿课程资源开发成为园本品牌，并且 A 幼儿园更是获得肯定无数（如全国百佳特色幼儿园、全国明星学校、全国礼仪教育示范园、国家教师科研基金科研先进单位、中国智慧教育"十三五"优质实验智慧园、十三五重点课题规划单位等）。A 幼儿园成立于 1959 年，为凉山州州府第一所寄宿制封闭式的保育院，2012 年移交州教育和体育局（原州教育局）。在凉山州委州政府的关怀下，在州委办公室、州教育局和体育局的直接领导下，在社会各界的大力支持下，A 幼儿园近 60 年来取得飞速发展，20 世纪 90 年代初成为凉山州首批省级示范园，凉山州幼教对外宣传优质窗口。

A 幼儿园现有在岗教职员工 120 人，17 个幼儿班，8 个早教班。园所拥有一支政治素养高、科研意识浓、参研水平强、专业能力好、教学质量高的师资队伍。全园教师有党员 43 人，正高 1 名，特级 3 名，省名师 1 名，天府名师 1 名，中学高级 12 名，小学高级 32 名，高级技师 2 名，早教高级指导师 1 名，早教中级指导师 23 名，有凉山州第十三届突出贡献拔尖人才 1 名，凉山州政协委员、西昌市人大代表各 1 名，教育部教师发展基金优秀科研园长 1 名，先进教师 3 名，四川省优秀教师 3 名，凉山州优秀教师各类先进业务骨干 10 余名，凉山州学术带头人后备人选 6 名。

2. A 幼儿园的民族文化资源课程开发和运用

A 幼儿园位处凉山彝族自治州，该州是全国最大的彝族聚居区，也是四川省民族类别最多、少数民族人口最多的地区，在这样的地域优势下，在"传承创新、多元融合"教育理念的指导下，A 幼儿园作为凉山州首批省级示范园、凉山州对外观摩的窗口，自 2014 年起积极探索挖掘彝族文化中适宜的教育资源，思考如何利用这些具有鲜明民族特色的彝族文化资源进行多元化教育活动，进一步形成民族地区幼儿园的教学特色和园本课程，使本地区幼儿了解、认同、传承彝族文化并在此过程中促进幼儿和谐、富有特色的发展，促进幼儿园可持续发展，以形成特色鲜明的园本课程。本书以拉尔夫·泰勒的目标模式（object model）来探究 A 幼儿园的民族文化资源开发的内容。泰勒认为，课程的开发与编制应该在教师实施课程之前。首先依据学习者的需要、当代社会生活的需要以及学科发展，确定一般性的目标（如我国幼儿园课程中五大领域的课程目标），其次将一般目标划分为更具体的特殊目标（如各年龄阶段的学年目标），再将特殊目标划分为可测量的行为目标（具体活动目标），根据行为化的目标选择、组织和实施过程及目标的实现程度对课程进行评价，为改进课程提供反馈信息。以下针对 A 幼儿园的民族文化资源课程开发做一整理。

（1）准备阶段——深入整理彝族文化资源，筛选适合在幼儿教育中运用的，为课程的探索厘清思路。

彝族有着丰富的民间文学，民族风情、节日习俗，形式多样的音乐舞蹈，民间工艺、体育游戏等。面对如此丰富的文化教育资源，幼儿园该如何挖掘选择呢？A 幼儿园经过多年的实践探索，认为它一定是贴近幼儿生活经验、富有教育意义的；是符合幼儿兴趣、能充分调动幼儿学习积极性的；必须是经典的且具有代表性的彝族文化教育内容；同时能拓展幼儿的经验和视野的，将之与丰富多元的教育活动相整合，给予有益经验，展现民族文化魅力的。同时，A 幼儿园通过走访西昌古街、民族产业园区、彝族手工业制作者、彝文专家等，梳理出适合与幼儿搭建链接的有：a. 彝族节日风俗文化；b. 彝族颜色文化；c. 彝族饮食文化；d. 彝族漆器、银饰等民间工艺文化；e. 彝族音乐舞蹈文化。

（2）发展阶段——在挖掘中传承，课题中引领，浸润中滋养，全面构建彝族资源文化在幼儿教育中开发与运用的课程体系。

　　挖掘彝族文化资源，在多元整合教育课程中实现彝族文化的传承。

　　1）结合区域民族特点开展实践教育活动。

　　① 参观凉山彝族奴隶博物馆。② 引导幼儿参与彝族传统节日"火把节""彝族年"体验感知。③ 邀请彝族幼儿的家庭进行才艺展示。④ 邀请彝族非遗艺人入园现场展示、解答并举行幼儿民族手工作品展。⑤ 举办家园自制彝族风格"玩具柜""玩教具"大赛。

　　2）结合主题教育活动开展彝族文化教育。

　　以大班主题活动"彝族年"为例。彝族年即彝历年，是彝族人民的传统节日。首先，通过民间故事《彝族年的传说》初步了解彝族年的来历及意义。其次，通过参观《凉山奴隶社会博物馆》了解彝族发展史，引导幼儿在社会领域中认知《彝族常用的装饰图案与象征的意义》并将之运用到美术活动中，进行《银饰设计》《生活用品设计》等创作活动，开展《小小射弩手》的民间体育游戏教学。同时，结合孩子们的生活经验，积极投放材料，开展丰富多样的区角游戏，在音乐区进行服饰表演《库和彝族歌舞表演等，阅读区投放《凉山彝族》《彝族装饰图案》等与彝文化相关的图书，并和幼儿一起自制图书，丰富幼儿的认知。在美工区投放大量废旧材料，设计彝族花纹花边，制作银饰、绘画彝族年节庆场景（喝杆杆酒）。在生活体验区中自由买卖各式各样的彝族用品，并在家园共育亲子互动活动中，通过家长开放日活动，亲子展示彝族民间艺术并鼓励家长带幼儿参加彝族年庆祝和美食分享活动，既增加了幼儿对民族传统文化的浓厚兴趣，又加深了对民族传统文化的热爱之情（见图5-1）。

图5-1　亲子开展彝族民间艺术活动

3）让彝族文化融入幼儿一日生活。

在幼儿园的日常生活中，可将彝族传统文化教育渗透到幼儿一日生活的各个环节。入园时，礼仪小标兵穿着彝族服装迎接家长和同伴的到来，晨间活动时进行"彝家娃新闻播报"、升旗活动时让幼儿身着彝族服装担任升旗手；早操时将彝族《达体舞》作为韵律活动，生活活动中烹饪分享彝族传统美食，组织幼儿讨论制定并绘制带有民族特点的班级规则，餐前餐后讲述彝族传统民间故事等（见图5-2）。

图5-2 彝族文化融入幼儿一日活动

4) 在游戏活动中感知体验彝族文化特色。

游戏是孩子们的学习活动,在游戏活动中融入民族传统文化活动是幼儿园实施民族传统文化的一个重要途径。角色游戏中,幼儿在充满彝族风情的餐厅里烤小猪、吃坨坨肉;到摄影棚里穿上美丽的彝族百褶裙拍美照;表演区里,用自制彝族乐器敲敲打打、随着欢快的彝族歌曲展示服饰、摔跤、朵洛荷等民间艺术;还有在涂鸦区里彩绘的彝族小朋友;益智区里,玩彝族饰品、餐具配对游戏,户外活动进行打火把接力赛、射弩等彝族传统民间体育游戏;美工区里,小朋友们忙着加工彝族餐具、设计手镯、制作漆器、陈列银饰,让幼儿全方位地学习了解彝族文化内涵、感知体验彝族文化特色(见图5-3)。

(3)深化阶段——提炼彝族文化内涵,构建彝族文化资源的开发与运用课程体系,辐射全州幼教工作。

一是从隐性教育环境的打造、显性课程(彝族节日风俗、彝族音乐游戏活动、彝族饮食、彝族手工艺活动等彰显在幼儿的五大领域教学、区角游戏、大型活动、一日活动、游戏活动中)的构建,丰富彝族文化的内涵。

二是通过各种方式辐射到全州幼教工作中。

① A幼儿园结合彝族民俗文化设计的综合活动《过年了》参加四川省优质教学现场展示同课异构活动,被省电教馆收录发行。

② 充分发挥全州唯一一个"省级学前凉山彭芳名师工作坊"的示范引领作用,带领本园及州内12个县、市级园所开展以自制图书为载体的幼儿读物开发及彝族音乐、民间工艺、民俗资源

在幼儿园的运用探索，为彝族聚居区的"一村一幼"教学点幼
儿自主研发以"学好普通话、养成好习惯、学会感恩"为主题
的彝族特色的幼儿绘本近19万册，分发覆盖到全州4000余个村
级幼教点，切实解决"一村一幼"幼儿读物匮乏问题。

图5-3　幼儿在游戏中感知彝族文化

③ 工作坊整理出版课题成果集 5 套 12 本，其中美术工作坊课题成果提供给"成都金苹果蓝谷地幼稚园"作为参照，为凉山州外幼儿园了解民族地区传统文化特色提供参考与借鉴资料，同时 A 幼儿园还将相关教学课题成果结集成册并推广到"凉山民族幼儿师范高等专科学校"和县级幼儿园作为参考用书。

④ 彝族舞蹈《小阿依的航天梦》参加央视"小手牵大手"慰问卫星基地演出、彝族传统童谣《妈妈的五指歌》被选用在合唱"在一起"中参加凉山州纪念建党 94 周年暨"中国工农红军长征过凉山 80 周年"歌咏活动。

⑤ A 幼儿园先后有 20 余名教师担任"凉山州幼儿教师技能培训""凉山州'一村一幼'辅导员能力提升"等培训教师，是深受好评的"一村一幼"辅导员培训基地。另外，A 幼儿园的教师还担任西昌学院学前教育系"学前儿童美术教育""手工基础教程"等科目的外聘教师工作。

⑥ A 幼儿园走进了国贫县布拖县、昭觉县等"一村一幼"的教学点，送去了《漂亮的彝族服饰》《库史啦》《神奇的筛子》等现场示范课、并给教学点老师赠送课题成果集，同时针对村级教学点如何利用彝族文化资源创设环境给予师资培训及现场环创打造，对最基层的幼教点进行教学指点与帮助。

（三）A 幼儿园的活动设计内容

本书将 A 幼儿园的民族幼儿课程资源开发的相关活动设计，列举几个主题，如下所示。

1.《过年了》

【设计思路】

凉山彝族自治州是一个美丽的彝族聚居地，勤劳善良的彝族人民有着独具特色的民风民俗，每年11月都会迎来彝族人民最重要的节日——彝族年，在彝族年里会有丰富多彩的庆祝活动，我们充分利用本土民族文化教育资源设计开展了以"彝族年"为认知主题的系列教育活动，孩子们对彝族与彝族年的民俗民风有了初步的了解，对即将到来的彝族年产生了热情的期待，本次活动就是让幼儿在认知理解彝族年的基础上，能用动作表现彝族年的主要节日活动，最后以达体舞的形式呈现，体验彝族年热闹欢乐的气氛，感受多元化的民族节日文化。

本活动以参加彝族年为主线，让孩子穿上服饰进入情景体验，我们对活动有三个层层深入的思考与设计。

1. 通过视频的辅助，孩子们用语言总结彝族年好玩的活动与好吃的美食，对彝族年有一个整体的印象。

2. 激发幼儿过"彝族年"的愿望，以带孩子过"彝族年"为主线，孩子们通过情景体验用动作展现彝族年的各种活动，分为集体模仿与小组讨论两种方式。

3. 运用达体舞为载体，将动作以达体舞形式呈现，在音乐与动作的有机结合中，进一步了解彝族年，充分体验过年快乐热闹的气氛。

【活动对象】

大班幼儿。

【活动目标】

1. 用动作以达体舞形式表现彝族年的主要节日活动。

2. 体验彝族年的欢快热闹的气氛。

3. 激发幼儿对民族文化的浓厚兴趣。

【活动重点】

能用动作表现彝族年的节日活动。

【活动难点】

了解音乐的结构，将动作融入达体舞形式中。

【活动准备】

（一）教学准备

1. 课件制作：彝族年（斗牛、摔跤、选美等）PPT 与相关视频。

2. 音乐准备：彝族乐曲《库史啦》（过年啦）。

3. 服装准备：每人一件查尔瓦（彝族披风）。

（二）知识经验准备

1. 对"彝族年"已有初步的认识。

2. 学习一些简单的彝族用语。

3. 学习简单的彝族达体舞。

【活动课时】

一课时（40 分钟）。

【教育理论依据】

陶行知生活教育理论，是一种不断进取创造，旨在探索具有中国民族特色的教育道路的理论，它体现了立足于中国实际，"去谋适合，谋创造"的追求。

【活动过程】

活动导入：教师与幼儿跳达体舞入场。

一、彝族年活动相关知识经验回顾

1. 师：我们跳的什么舞？（达体舞），是哪个民族的舞蹈？（彝族）

2. 师：彝族人民马上要过特别热闹的彝族年了，我们来看看彝族年有什么好玩的活动和好吃的美食。

3. 幼儿观看视频，教师适时讲解。

4. 师：彝族年有哪些好玩的活动和好吃的美食？

5. 幼儿回答，教师出示图夹文字卡：荞粑粑、坨坨肉、斗牛、赛马。助教老师根据幼儿回答展示图片幻灯。

6. 师：彝族年能看到赛马、斗牛等好多好玩的活动，所以彝族年是眼睛的节日，彝族年还能吃到好多好吃的美食，所以又是嘴巴的节日。教师出示眼睛和嘴巴的图片。

二、鼓励幼儿大胆用动作表现自己喜欢的彝族年活动

1. 师：彝族年真是太好玩了，你们想不想过彝族年？今天我们一起来过一个热闹的彝族年，春节的时候我们要穿上好看的新衣服，彝族年我们也要穿上节日的盛装，看看小篮子里老师给你们准备了什么东西？请把空篮子放回小椅子下面。

2. 幼儿穿查尔瓦，教师告诉幼儿查尔瓦是彝族男女老少都喜欢的漂亮又保暖的服饰。

3. 观察查尔瓦颜色、花纹，告诉幼儿彝族人民最喜欢红、黄、黑三种颜色。

4. 老师换上彝族服饰。

5. 师：穿上了节日的盛装，现在我们要去过彝族年咯。"过年了，库史啦，过年了，库史啦"（幼儿念），告诉幼儿"库史啦"是"过年了"的意思。

6. 师：我们先来做彝族人民最喜欢吃的营养美食荞粑粑吧（助教老师出示荞粑粑的图片）。

7. 师：荞粑粑是怎么做的呢？请用动作做给大家看看。

8. 幼儿模仿做荞粑粑的动作。

9. 集体模仿做荞粑粑的动作。

10. 师：做好了荞粑粑我们一起来做好吃的坨坨肉吧（助教老师出示坨坨肉的图片）。

11. 模仿做坨坨肉的动作。

12. 师：做了这么多好吃的东西，现在老师要带你们去参加好玩的活动了。你最想参加什么活动呢，待会儿请你用最好看的动作告诉大家你参加的是什么活动（助教老师出示两种活动的图片）。

13. 幼儿自由选择表演项目，分组商量表演动作。

14. 讨论结束，幼儿分组表演，教师提炼动作，大家模仿。

三、将动作融入达体舞，初步以达体舞的形式展现彝族年的活动

重点：将彝族年活动动作以达体舞形式展示。

难点：在初步掌握达体舞音乐特点与动作节奏的基础上，尝试将动作与音乐相匹配。

1. 师：吃了好吃的美食，参加了好玩的活动，现在该跳舞狂欢啦！

2. 师：彝族人民能歌善舞，最喜欢把生活中的各种动作变成好看的达体舞，我们也来把刚才学到的动作变成好看的达体舞。（出示所有模仿动作的图片）

3. 幼儿随老师口令按照顺序跳舞。

4. 幼儿合乐完整跳一遍，教师强调重点与难点的掌握。

5. 师：热闹的彝族年，没有朋友参加怎么行呢，让我们邀请老师们和我们一起跳舞分享彝族年的快乐吧。

6. 幼儿与老师一起跳达体舞，结束时幼儿用彝语给客人（老师）说一句祝福的话："库史啦、兹莫格里（过年啦、吉祥如意）"后离开场地。

2.《快乐的小阿依》

【设计意图】

我们的家乡凉山彝族自治州音乐文化丰富多彩，其中不乏欢快活泼、节奏明显的乐曲。幼儿园中大班阶段的幼儿，对音乐的感受力和表现力增强，尤其更敏感于节奏感较鲜明的乐曲。结合幼儿的特征，我们选择并截取了相关乐曲，设计音乐活动《快乐的小阿依》，旨在让幼儿感受、表现音乐的基础上可以欢快的游戏玩耍。

【活动目标】

1. 幼儿能在音乐游戏中感受 A 段乐曲中的"滑音"，并能在游戏情境中进行肢体动作表现。

2. 在反复的游戏中感受乐曲节奏的变化，体验做音乐游戏带来的快乐。

【活动准备】

"戏曲小阿依"音乐节选、PPT、魔法棒、道具（索玛花、草、蘑菇、松树）。

【活动过程】

1. 情境引入。（播放音乐 A，老师做相应动作）

——你们猜，我刚才在做什么？（幼儿：跳舞、做动作……）

——其实啊，我是螺髻山山神的女儿小阿依，我能唤醒山上沉睡的植物，你们仔细看，猜一猜，我把哪些植物唤醒了？（再示范一遍，播放音乐 A）

2. 提问：——哪些植物被我唤醒了呢？（不否定他们的任何回答）

——你们说得都很好，那想不想和我一起唤醒植物（幼儿：想……）

——你们跟我一块儿试试吧！

3. 熟悉音乐结构，了解情境环节。

（1）老师带着幼儿和着音乐一块儿做动作。（播放音乐 A，结合 PPT 上的图片，当有"滑音"出现，做相应动作，便有相应的图片展示）

——哇！你们真棒，看看哪些植物被唤醒了。（幼儿：……）

——对！你们想不想变成这些植物，那我要施魔法（用"魔法棒"）啦！把你们变成这些植物，请看看你们的小椅子下边。赶快变身吧！（幼儿手上套上道具）

（2）明确各自角色。

——你们现在是植物了，"红蘑菇"在哪里？向我招招手；"黄蘑菇"在哪里？向我招招手；"红索玛"在哪里？向我招招手；"黄索玛"呢？向我招招手；（请"三角形的松树"上来）你是谁？向大家招招手；哦，"方形的树"在这儿，向大家招招手。

4. 游戏一：

——这是我的魔法棒，我要准备唤醒你们了，我指着哪种植物那种植物就苏醒。苏醒过来就要做一个造型哦！

——你们准备好了吗？我要唤醒你们了！（幼儿的动作不限制）

听到音乐滑音处，"小阿依"（老师）点谁（红蘑菇……），谁就摆造型。（播放 A、B 段音乐）

● 游戏总结：没唤醒就自己苏醒的植物是会从山上消失的，被唤醒时，不仅要睁开眼睛还要摆造型哦！

● 请摆造型摆得好的"植物"（幼儿）上来演示。

注：播放 B 段音乐前引导：哇！所有的植物都被唤醒了，好开心啊！（带领幼儿有节奏感的拍手，踩脚等）

——我们再来一次吧！准备好哦！

5. 游戏二：我想邀请植物到这儿（圆圈上）散散步，但是要当心"魔音"（滑音）哦！当它出来的时候，植物们要停下来，摆一个造型，要保持不动才行。如果动了，就会从山上消失哦！（植物们自己发散思维创编造型）

注："魔音"出现时，小阿依（老师）可以提示一下"植物们"摆造型哦！（如：魔音来啦！）

6. 自主游戏。(老师可以适当提示,最好不给予提示)

7. 结束:植物们,你们今天表现真棒,我和你们在一起很开心!可是天黑了,我们回家吧,给大家再见!

3. 混龄班语言活动《欢乐的火把节》

【设计理念】

《3~6岁儿童学习与发展指南》中指出:幼儿期是语言发展,特别是口语发展的重要时期。幼儿语言的发展贯穿各个领域,也对其他领域的学习与发展有着重要的影响。因此抓住这个关键时期,通过各种活动帮助"一村一幼"学前儿童学好普通话,顺利度过语言关显得尤为重要,活动"欢乐的火把节"从幼儿的生活经验入手,通过游戏的方式开展活动,不仅让幼儿们认识了解了火把节活动,更让幼儿想说、敢说、喜欢说并能得到积极回应,这就为孩子说好普通话提供了有力的支撑,同时也让幼儿体验了火把节欢快、热闹的节日气氛,激发幼儿对民族文化的浓厚兴趣,萌发爱家乡的情感。也正如《幼儿园教育指导纲要(试行)》中所说,"既符合幼儿的现实需要,又有利于其长远发展;既贴近幼儿的生活,选择幼儿感兴趣的事物和问题,又有助于拓展幼儿的经验和视野"。

【活动目标】

1. 认识了解"火把节"的节日活动。

2. 鼓励幼儿大胆用词、短句完整描述"彝族火把节"的节日活动。

3. 体验火把节欢快、热闹的节日气氛,激发幼儿对民族文化的浓厚兴趣，萌发爱家乡的情感。

【活动准备】

（一）教学准备

1. 课件制作：火把节（斗牛、摔跤、选美等）相关视频、PPT。

2. 音乐准备：彝族乐曲《七月火把节》。

（二）知识经验准备

对"火把节"已有初步的认识。

【活动过程】

（一）活动导入

1. 师：在每年的暑假，我们都要过一个非常开心的彝族节日，你们知道是什么节日吗？（火把节）

2. 师：你们看到火把节会举行哪些活动？（斗羊、打火把……）

（二）认识火把节活动，并能大胆地用词（跳达体舞、摔跤、赛马、斗牛、选美）描述。

1. 教师播放视频，幼儿回顾火把节活动。

2. 教师根据幼儿的回答出示 PPT，一起回顾认识火把节活动。

（1）师：你们看到火把节会举行哪些活动？

幼儿回答：跳舞。（教师出示跳达体舞 PPT），引导幼儿们大胆说："跳达体舞。"

（2）师：你们还看到什么？

幼儿回答：摔跤。（教师出示摔跤 PPT），引导幼儿们大胆说:"摔跤。"

(3) 师:你们还看到了什么?

幼儿回答:赛马。(教师出示赛马PPT),引导幼儿们大胆说:"赛马。"

(4) 师:你们还看到了什么?

幼儿回答:斗牛。(教师出示斗牛PPT),引导幼儿们大胆说:"斗牛。"

(5) 师:有个小朋友告诉老师他看到的是什么?

幼儿回答:选美。(教师出示选美PPT),引导幼儿们大胆说:"选美。"

师:小朋友们知道谁会参加选美吗?

幼儿回答:彝族姑娘。

师:还有彝族小伙也会参加选美活动。

小结:刚刚小朋友们看见火把节又跳达体舞、摔跤、赛马、斗牛这些活动,原来火把节里面有这么多活动,真是太好玩了!

(三) 游戏"猜猜看",教师做相关的火把节活动,幼儿猜是什么,强调用短句完整的描述。

(师:老师在做什么? 幼:老师在……)

师:这么多好玩的活动,老师也想玩,那你们来看看老师现在要去参加什么活动?

1. 师:老师要去参加什么活动呢? 你们看,老师在做什么(教师表演跳达体舞),要用完整的话说哟! 引导幼儿们说:"老师在跳达体舞。"

2. 师：老师又要去参加什么活动呢？看，我要紧紧抱住对方使出最大力气，嘿呦、嘿呦！老师在做什么？记得用完整的话说哟！引导幼儿们说："老师在摔跤。"

3. 师：那你们猜猜我还去参加什么活动呢？握紧缰绳，骑上一匹骏马飞快地跑过终点，驾、驾。老师在做什么？引导幼儿们说："老师在赛马。"

4. 师：这次请小朋友们先把眼睛蒙起来，猜猜我要变成什么啦？1、2、3打开，我变成什么啦？是的，我变成了一头牛。那老师在做什么？引导幼儿们说："老师在斗牛。"

5. 快看我穿上美丽的彝族服装，打上黄伞，老师在做什么？引导幼儿们说："老师在选美。"

（四）幼儿和教师一起表演火把节活动，并用短句完整的描述。

（师：我们在做什么？幼：我们在……）

1. 师：你们想不想和我一起玩呀？

幼儿回答：想！

师：那我们就一起来玩吧！

2. 教师和幼儿一起表演，边表演边引导幼儿说："我们在……"。

（五）教师和幼儿一起跟着音乐边说边跳，巩固复习句子我们在……

师：音乐响起来了，让我们手拉着手围成圆圈，一起狂欢吧！依次引导幼儿根据图片边跳边完整地说："我们在……"。

（六）活动小结

师：今天玩了这么多好玩的活动，真是太高兴了，小朋友们，你们知道吗？火把节可是我们凉山特有的节日哦，所以能够生活在凉山，我们都觉得非常开心，幸福。告诉你们，火把节还有许多丰富、有趣的活动我们没有玩，我们下次再来玩，好不好？

幼儿园的学生借由教师开展上述各类领域的活动，并利用相关的民族文化资源，以"生活教育"理论为指导，让学生可以在幼儿园的一日活动生活中，在活泼、热闹的气氛中了解多元化的民族文化；另外，以过彝族年、彝族音乐和彝族火把节等文化主题作为课程活动设计的主线，有利于学生在实际学习情境中体验并保持对民族文化活动的持久兴趣；最后，学生们在教师所开展的层层深入的活动中，综合进行各种认知活动，全方位地了解彝族本身的文化特色和底蕴，进而在师生教学互动中达成教学目标，并取得良好的教学活动效果。

三、开发学前民族文化课程资源的主要问题及其建议

凉山彝族自治州在学前民族文化课程资源开发的过程中，不仅具有其他地区课程资源开发所有的普遍性问题，更具有特殊性问题，主要表现在以下两点。

（一）教师相关的专业能力较低

幼儿教师对于开发民族课程资源所需具备的知识和能力较

低，导致对资源认识的局限性。首先，在教学资源里，教师应该综合利用各种课程资源，丰富教学课程。教材是教师比较偏爱的一种教学资源，应该帮助教师多开发规划相关的教材。其次，在利用文化资源中更多偏向可见文化（如食物、音乐、服饰等）的开发，对不可见文化（亲属制度、仪式等）的关注不够。最后，幼儿教师对自然资源的重视程度弱，自然环境教育是目前幼儿教育很重要的一部分，让幼儿与自然环境产生互动效应，在幼儿的感官教育中有重要的价值。

（二）教师缺乏必要的支持

从笔者的研究调查可以发现，幼儿教师整体对民族文化课程的开发持肯定和支持的态度，但是目前文化课程开发是基于教师所在园或者教师自己的文化意识，课程没有形成体系化和常规化，缺乏整体规划。虽然近年来凉山州政府对于民族文化课程资源开发已经建立起初步的认识，但是其重视程度仍显不足，亦缺乏相关政策或财力等的支持；另外，对于开发学前民族文化课程资源，大多数的幼儿教师缺乏专业的指导和持续性的训练，导致其专业能力提升渠道狭窄。总体来讲，学前民族文化课程资源开发缺乏物质保障和相关政策支持，因此，应该建立一个对民族文化课程资源的激励体制，支持幼儿教师愿意积极参与，为幼儿创造一个可以学习民族文化课程的教学环境。

参考文献

［1］林耀华．民族学通论［M］．北京：中央民族大学出版社，1997．

［2］刘焱．幼儿园游戏教学论［M］．北京：中国社会出版社，1999．

［3］哈经雄，滕星．民族教育学通论［M］．北京：教育科学出版社，2001．

［4］宋蜀华，陈克进．中国民族概论［M］．北京：中央民族大学出版社，2001．

［5］赵世林．云南少数民族文化传承论纲［M］．昆明：云南民族出版社，2002．

［6］冯增俊．教育人类学教程［M］．北京：人民教育出版社，2005．

［7］何群．环境与小民族生存［M］．北京：社会科学文献出版社，2006．

［8］钟启泉，张华．课程与教学论［M］．沈阳：辽宁大学出版社，2007．

［9］费孝通．乡土中国［M］．北京：商务印书馆，2011．

［10］丁炜．全语言教育［M］．上海：华东师范大学出版社，2011．

［11］朱家雄．幼儿园课程［M］．2版．上海：华东师范大学出版社，2011．

［12］柳倩．国际处境不利学前儿童政策研究［M］．上海：华东师范大学出版社，2012．

［13］刘焱．幼儿园游戏与指导［M］．北京：高等教育出版社，2012．

［14］王梦奎．反贫困与中国儿童发展［M］．北京：中国发展出版社，2013．

［15］王艳玲，苟顺明．多元文化背景下的教师能力——以中国西南少数民

族地区为例［M］．北京：人民出版社，2013．

［16］皇甫晓涛．文化领识［M］．北京：中国文史出版社，2014．

［17］罗慎平．文化产业的发展策略：英国创意产业发展经验的启示［M］//洪泉湖．族群文化与文化产业．台北：商鼎数位出版有限公司，2015．

［18］周秀平，赵红．教育扶贫政策和重大行动［M］//司树杰，王文静，李兴源．中国教育扶贫报告（2016），北京：社会科学文献出版社，2016．

［19］滕星．教育人类学通论［M］．北京：商务印书馆，2017．

［20］戴庆厦，等．我国双语研究的现状及展望［J］．民族教育，1989（3）．

［21］毛曙阳．关于幼儿游戏本质及其对幼儿的发展价值的思考［J］．学前教育研究，1999（3）．

［22］彭海蕾．关于幼儿园游戏教学问题的思考［J］．兰州学刊，2001（4）．

［23］李敏．灌输式教育：一种"社会"隐喻——兼谈游戏式教育的构想［J］．教育学报，2007（8）．

［24］鄢超云．学习品质：美国儿童入学准备的一个新领域［J］．学前教育研究，2009（4）．

［25］龙红芝．民族地区学前双语教育的几个理论问题研究［J］．西北民族研究，2012（4）．

［26］李召存．何为"好的教育实践"：学前教育质量的文化性省思［J］．全球教育展望．2014（11）．

［27］刘占兰．农村贫困地区幼儿园教育质量现状与提升建议［J］．学前教育研究，2015（12）．

［28］刘玉杰，刘健．试析我国民族地区双语教育的国家认同功能［J］．理论月刊，2016（5）．

［29］王嘉毅，封清云，张清. 教育与精准扶贫精准脱贫［J］. 教育研究.
2016（7）.

［30］孟照海. 教育扶贫政策的理论依据及实现条件——国际经验与本土思
考［J］教育研究，2016（11）.

［31］杨晨晨，刘云艳. 可行能力理论视域下早期儿童教育扶贫实践路径建
构［J］. 内蒙古社会科学（汉文版），2017（11）.

［32］巫钟琳. 幼稚园教师多元文化教育观点之个案研究［J］. 幼儿教保研
究期刊，2018（2）.

［33］张和平，毛家贵. 新时代民族地区双语教育的内涵、特征及问题研究
［J］. 凯里学院学报，2019（1）.

［34］王小英，刘思源. 幼儿深度学习的基本特质与逻辑框架［J］. 学前教
育研究，2020（1）.

［35］中国大百科全书总编辑委员会. 中国大百科全书·民族［Z］. 北京：
中国大百科全书出版社，1986.

［36］李晓梅. 加强民族地区幼儿园课程建设的四点建议［N］. 中国民族
报，2009 – 10 – 12.

［37］陈立鹏. 中国少数民族教育立法研究［D］. 北京：中央民族大
学，2004.

［38］张新立. 教育人类学视野下彝族儿童民间游戏研究［D］. 重庆：西南
大学，2006.

［39］米瑞芬. 蒙古族幼儿园教师在课程资源开发中的专业发展研究［D］.
呼和浩特：内蒙古师范大学，2010.

［40］赵海燕. 学前教育民俗文化课程研究［D］. 重庆：西南大学，2012.

［41］何静. 少数民族文化融入幼儿园课程的个案研究［D］. 长春：东北
师范大学，2016.

［42］李敏. 我国民汉双语教育政策发展主要特征——基于六次全国民族教

育工作会议政策文本的分析［D］. 北京：中央民族大学, 2018.

［43］教育部基础教育司.《幼儿园教育指导纲要（试行）》解读［G］. 南京：江苏教育出版社, 2002.

［44］爱德华·泰勒. 原始文化：神话、哲学、宗教、语言、艺术和习俗发展之研究［M］. 连树声, 译. 上海：上海文艺出版社, 1992.

［45］约翰. 赫伊津哈. 游戏的人［M］. 杭州：中国美术学院出版社, 1996.

［46］唐纳德·L. 哈迪斯蒂. 生态人类学［M］. 郭凡, 等译. 北京：文物出版社, 2002.

［47］芭芭拉·罗高福. 人类发展的文化本质［M］. 李昭明, 陈欣希, 译. 新北：心理出版社, 2008.

［48］拉尔夫·W. 泰勒. 课程与教学的基本原理［M］. 罗康, 等译. 北京：中国轻工业出版社, 2008.

［49］苏珊·纽曼. 学前教育改革与国家反贫困战略——美国的经验［M］. 李敏谊, 译, 北京：教育科学出版社, 2011.

［50］夏洛特·普桑. 蒙台梭利教育精华：让孩子自信又独立［M］. 尹亚楠, 译. 杭州：浙江人民出版社, 2015.

［51］威廉·A. 豪, 潘尼洛普·L. 利西. 多元文化：当教师遭遇新挑战［M］. 刘清山, 译. 黑龙江：黑龙江教育出版社, 2017.

［52］Gay, G. Culturally responsive teaching：Theory, research, and practice.［N］New York：Teachers College Press.

［53］Ann Miles Gordon. Kathryn Williams Browne. 幼儿教育概论［M］. 段慧莹, 译. 新北：心理出版社, 2008.

［54］E. B. Tylor. The Origins of Culture［M］. New York：Harper and Brothers Publishers, 1958.

［55］Ian Thompson. Tackling social disadvantage through teacher education

［M］Essex：Critical Publishing Ltd，2017.

［56］ J. A. Banks. Approaches to Multicultural Curriculum Reform ［J］ Multicultural Leader Vol. 1，1988（2）.

［57］ 全国人民代表大会. 中华人民共和国义务教育法 ［EB/OL］.（1986 – 04 – 12）［2018 – 12 – 09］. http：//www. law. lib. com/law/law_view. asp? id = 3636

［58］ 教育部. 中国教育发展和改革纲要（1990 – 2000）［EB/OL］.（2012 – 07 – 06）［2019 – 01 – 09］. http：//www. moe. gov. cn/s78/A03/ghs_left/ moe_1892/s6616/s6617/201207/t20120706_138916. htinl.

［59］ 中央人民政府门户网. 国务院关于加快发展民族教育的决定 ［EB/OL］.（2015 – 08 – 17）［2018 – 06 – 15］. http：//www. gov. cn/ zhengce/content/2015 – 08/17/content_10097. htm.

［60］ 国务院扶贫开发领导小组办公室. 深度贫困地区教育脱贫攻坚实施方案（2018—2020）》［EB/OL］.（2018 – 02 – 27）［2018 – 06 – 16］. http：//www. cpad. gov. cn/art/2018/2/27/art_46_79213. html.

附录　凉山彝族自治州幼儿教师
对民族文化课程态度调查表

1. 基本信息（请在下列问题中合适的选项进行，每个问题皆为单选。）

项目	选　项			
（1）年龄	□20 岁以下	□20～25 岁	□25～30 岁	□30 岁以上
（2）教龄	□1 年以下	□2～5 年	□5～10 年	□11 年及以上
（3）学历	□初中及以下	□高中或中专	□大专	□本科及以上
（4）民族	□彝族	□汉族	□其他少数民族	
（5）地区	□农村	□城镇		

2. 凉山彝族自治州幼儿教师对民族文化课程态度问卷题目（请您在下列问题中合适的选项进行。）

题　目	选　项
（1）您对民族文化了解程度如何？	□非常了解　　　　□较了解 □一般了解　　　　□较少了解 □很不了解
（2）您对开发学前民族文化课程资源的价值认识。	□有利于幼儿的发展 □有利于教师专业的发展 □有利于民族文化的继承与发展 □有利于因地制宜地利用教学环境 □其他

续表

题　目	选　项
（3）您认为开发学前民族文化课程资源的主体是？（多选）	□教师　　□领导 □专家　　□其他
（4）教材是否是唯一学前民族文化课程资源的来源？	□非常同意　□同意 □一般同意　□不同意　　□非常不同意
（5）您认为在教材中所呈现的学前民族文化课程资源的内容是？（多选）	□物力资源（建筑、生活用具等） □自然资源（动物、植物等） □风土人文资源（习俗、节日等） □民间文化资源（杂技、表演等） □其他
（6）您所在幼儿园是否制订了民族文化课程资源开发方案？	□非常多　　□比较多 □一般　　　□较少 □完全没有　□不清楚
（7）您所在幼儿园的教学活动使用民族文化资源的占比如何？	□非常多　　□比较多 □一般　　　□较少 □完全没有　□不清楚
（8）您在课程实施的时候经常利用的课程资源是？	□教材　　□网络资源 □公开课　□地域性资源　□其他
（9）您在课程实施的时候会运用民族文化资源。	□非常同意　□同意　□一般同意　□不同意 □非常不同意
（10）您对自己的民族文化课程教学效果会进行反思和改进。	□经常　　□偶尔
（11）您认为有必要对教师进行民族文化课程方面的培训吗？	□有必要　　□没有必要
（12）您有参加过民族文化课程资源的培训吗？	□有参加　　□极少参加 □从未参加
（13）如果有机会，您愿意继续参加民族文化课程资源的培训吗？	□愿意参加　□不太愿意 □不愿意

后　记

　　本书是笔者主持的四川省科技厅软科学研究计划项目资助"基于教育扶贫的学前教育民族文化课程模式建构研究"（项目编号：2019JDR0095）的最终研究成果。

　　目前，相关研究表明世界各个国家重视学前教育对扶贫发展的功能与成效，也充分证明学前教育的高回报率极具投入价值，这符合精准教育扶贫的理念与精神，因此，学前教育是教育扶贫关键的一环。

　　本书主要从"理论探索"到"个案研究"两个部分探讨如何从"文化"切入的路径提升教育扶贫的效力，更好地促进教育扶贫功能的发挥。民族文化课程是"文化回应"取向教育扶贫的一种途径。首先，笔者从理论层面，探讨教育扶贫与学前民族文化课程的关系及理论基础，以及课程的建构和实施途径。其次，笔者从实践层面，以四川省阿坝藏族羌族自治州和凉山彝族自治州为个案，展示学前民族文化课程的第一手资料和典型案例。

　　本研究历时两年之久，在四川民族地区的多家幼儿园、幼教点，如凉山州机关第一幼儿园、凉山州雷波县幼教点、凉山州普格县幼教点、阿坝州幼儿园以及县幼儿园等进行调研，并撰写和发表一系列研究论文，从而为本书的写作和出版奠定较为坚实的基础。研究全程由成都师范学院教育学院龙雪娜总设计和指导。本书的构想、框架与具体内容也由龙雪娜确定。具体章节的写作分工如下：第一章，龙雪娜；第二章，颜雪艺、龙雪娜；第三章，高祥、龙雪娜；第四章，龙雪娜、罗天豪；第五章，龙雪娜、罗天豪。

感谢凉山州教育和体育局、阿坝州教育局、凉山州雷波县教育局、凉山州普格县教育局、阿坝州红原县教育局等相关领导和工作人员，感谢凉山州机关第一幼儿园的园长与教师们，感谢各村幼教点的辅导员们，感谢你们让研究团队进入田野、陪同进入田野，为研究团队提供实地材料和数据资料。感谢本书责任编辑邓莹女士的精心编排，让本书的质量得以提升。最后感谢团队的研究成员们的辛苦付出！

龙雪娜

2020 年 8 月于成都